Ian Watson
Bremen erlesen

Ian Watson

Bremen erlesen

Wie die Bremer und ihre Stadt so ticken

Edition Falkenberg

Titelabbildung: fotolia

1. Auflage 2019

ISBN 978-3-95494-161-2
www.edition-falkenberg.de

Inhalt

Ostertor und die Östliche Vorstadt

Die Neustadt

Peterswerder

Schwachhausen

Findorff

Im Hafen – gehabt zu haben

Bremen-Nord

Anhang

In memoriam Jürgen Dierking (1946–2016)

Beipackzettel

Die schmucke, schmuddelig-liebenswerte Freie Hansestadt Bremen ist meine zweite Heimat, nein, meine *Heimat* geworden. Ich kam nach der Gründung der hiesigen Universität als Mittzwanziger aus Irland im Glauben hierher, dass ein paar Jahre im Ausland meiner Karriere helfen würden. Nur ist Bremen nun kein Ausland mehr und die Karriere verlief an der Weser, wofür ich sehr dankbar bin. Wie viele andere, die nach Bremen gezogen sind, bin ich in dieser Stadt hängen geblieben; das Verhältnis zu ihr wurde langsam, aber stetig enger. Der frisch getaufte Gast kümmert sich noch wenig um die neue Bleibe und liest auch noch keine Lokalpresse, denn er glaubt, dass er sich nicht wirklich assimilieren muss, da er irgendwann wieder nach Hause zurückkehrt. Dann setzt ein schleichender Prozess ein: man bekommt Kollegen, Nachbarn, man heiratet. Irgendwann wird aus dem Gast ein Migrant, ein deutscher Steuerzahler, ein Vater deutscher Kinder.

Bremen selbst spielte dabei eine große Rolle: ein örtlicher Fußballverein, der sich von einer grauen Maus zu einem grün-weißen Tiger mauserte, der Fluss, der Marktplatz, die Fahrräder, die Konzerte, der atemberaubende Baumbestand, der Bürgerpark – und, ja, die Bremer. Das waren die Faktoren, die mich zu jenem Bremer gemacht haben, der das Bedürfnis hat, die Eigenheiten seiner Wahlheimat zu Papier zu bringen.

So gesehen hätte ich dieses Buch genauso gut *Mein Bremen* betiteln können, denn es spiegelt die Sicht eines fremden, aber heimischen Hanseaten wider. Die Malerin Paula Modersohn-Becker schrieb 1903 kritisch über Rainer Maria Rilkes Worpswede-Buch, sie sähe »mehr Rilke darin als Worpswede«. Ich möchte mich anmaßend neben den großen Panther-Dichter stellen und, wenn nötig, diese Kritik punktuell auch auf meine Kappe nehmen. Dieses etwas ungewöhnliche Bremen-Buch ist für Bremen-Besucher und Bremer mit Besuch gedacht, aber auch für Bremer ohne. Die Eingeborenen der Großstadt kennen ihre Heimat oft nur ausschnittweise. Sie wachsen in einer Wohngegend auf, die häufig wie ein

Dorf wirkt. Sie pendeln von ihrer Wohnung durch fremdes Territorium zum Arbeitsplatz, kaufen in der ›City‹ ein (ach, wie ich dieses eingedeutschte Wort verabscheue); sie gehen ins Stadion oder in die Stadthalle. Mit ihrem Besuch fahren sie meist dorthin, wo die Touris sind. Aber andere Wohngebiete? Der Zugereiste jedoch will alles erforschen; oft zu Fuß, oder, wie ich damals, mit der Straßenbahn, bis an alle Endstationen. Man liest Geschichte, sucht Geschichten, schluckt Anekdoten. Nachbarn werden zu Freunden. Zugezogene – hier liebevoll-spöttisch ›Tolopene‹ (plattdeutsch: to = zu / lopene = gelaufene) genannt – wollen dazugehören. Man will Bremer sein.

Der Zweite Weltkrieg hat das Gesicht Bremens irreversibel und tragisch verändert. Die alten Schwarzweißfotos auf der Webseite Bremen History stimmen traurig, und das nicht allein in ihrer Serie ›Markante Altbauten‹. Die folgenden Seiten führen zwar zum Teil zu ästhetisch Schönem, aber in manchen Wohnvierteln sind leider auch die Spuren des allzu schnellen Wiederaufbaus zu finden. Wohnungsnot, die Wiederherstellung des Tagesgeschäfts und die Verdrängung der Kriegserlebnisse forderten Eile, und oft wurde abgerissen, wo Restaurierung als Luxus galt. Der Turm der schönen alten St. Ansgarii-Kirche von 1243 war einst der höchste Punkt der Stadt und damit ein Wahrzeichen Bremens. Von dort ging 1522 die Reformation in Bremen aus, als der spätere protestantische Märtyrer Heinrich von Zütphen zum ersten Mal predigte. Aber der Kirchturm stürzte bei der Bombardierung am 1. September 1944 ein, am 6. Oktober kam dann der zweite, völlig vernichtende Angriff, und beim Bau eines Kaufhauses im Jahr 1959 wurde der Rest der Kirchenruine schließlich abgetragen. Diese Lücke wird von älteren Bremern noch immer als »offene Wunde im Stadtbild« bezeichnet. Ein Modell der Kirche und etliche ihrer Teile sind zwar im Focke-Museum zu sehen, aber alles, was vor Ort an die Kirche erinnert, ist die Ansgar-Säule (1965) auf dem Ansgarikirchhof mitten auf der Obernstraße, schräg gegenüber Kaufhof. Ende der Fünfziger und in den Sechzigern des letzten Jahrhunderts waren dann Zerstörer anderer Art in der Stadt unterwegs. Unter die Rubrik »Weniger gelungene Beispiele von Sanierungen kleinerer Bremer Häuser« (Weser-Kurier) fiel das Zukleistern von kleinen Reihenhäusern mit Kacheln, die den Charme einer öffentlichen Bedürfnisanstalt ausstrahlen.

Mit diesem widersprüchlichen Erbe müssen die Bremer – und damit auch die Besucher – leben. Aber: Meine Touren sind sowieso nicht für diejenigen gedacht, die ein Selfie mit den Stadtmusikanten machen wollen, sondern für jene, die Bremens reale, lebendige Kultur suchen.

Das Buch ist ein Lesebuch im eigentlichen Sinne und kein typischer Stadtführer mit Bildern und Karten. Maps kann man jederzeit, auch unterwegs, herunterladen, ebenso Details über die einzelnen Orte (Geschichte, Zusatzinformationen, Öffnungszeiten). Wozu brauche ich Bilder, bevor ich etwas besuche? Fotos in Werbebroschüren und Stadtführern sind sowieso meistens geschönt. Ich habe auf Fußnoten verzichtet, um den Lesefluss nicht zu stören. Am Ende des Buches finden sich jedoch Notizen, Quellen und Links für diejenigen, die noch Genaueres erfahren wollen.

In *Bremen erlesen* verfahre ich nach zwei Methoden. Einerseits setze ich kleine Blitzlichter, um den einen oder anderen Aspekt der bremischen Seele zu beleuchten; andererseits biete ich ganz konventionell Spaziergänge an, die auch in abgelegenere und touristisch unberührte Stadtteile führen, um so dem vielschichtigen Wesen Bremens auf die Spur zu kommen. Dabei will ich einen persönlicheren, vielleicht sogar schrägen oder alternativen Blick auf das werfen, was als ›Touristen-Bremen‹ gilt und in marktüblichen Stadtführern hervorgehoben wird; darüber hinaus möchte ich aber auch andere Bereiche der Stadt in Szene setzen. Zum Beispiel: Es wäre einer Sünde gleichgekommen, Walle und vor allem Gröpelingen aus einem Buch über Bremen zu streichen. Denn diese Ortsteile verkörpern genauso treffend, wenn auch radikal anders als das Rathaus oder der Roland, die Seele unserer Stadt. Hier wurde der Reichtum der Hansestadt – Stahl, Schiffe, Kaffee, Textilien – produziert und von hier aus in die ganze Welt geschickt. Trotzdem bleibt in Bremen-Führern dieses westliche Herz Bremens weitgehend unbeachtet.

In meinem ersten Buch über Bremen, dem englischsprachigen Lyrikband *Riverbank City* (2012), habe ich schon viele meiner Eindrücke und Empfindungen an bestimmten Örtlichkeiten der Stadt in Bildern festgehalten. Diese Momente sind teilweise in die folgenden Darstellungen eingeflossen.

Als ich in die Hansestadt kam, war ich angenehm überrascht, dass ein paar Persönlichkeiten, die mir schon von Irland her bekannt waren, aus Bremen stammten. So beschloss ich, ein paar Bremer ›Helden‹ in den Text einzubauen. Darunter sind eine Romanfigur, ein Schriftsteller aus meinem Studium und ein großer Panther-Lyriker aus dem Deutschunterricht. (Allerdings ist der große Panther-Lyriker – eigentlich ein Prager, der mit Bremen nur verschwägert war – hier nur Staffage für zwei echte Bremer Heldinnen, die ich erst in Bremen kennenlernen durfte.) Was ich jahrelang nicht wusste, war, dass auch James Last aus Bremen kam. Jeder Bremer ab einem bestimmten Alter (»Neunzig?«, höre ich meine Hip-Hop-Kinder fragen) weiß von seiner Bremer Herkunft. Meine Mutter in Belfast liebte seine Auftritte im Fernsehen und sogar mein Vater, der ein Faible fürs Symphonische hatte, besaß mehrere James Last-LPs und MCs. Die beiden freuten sich sehr, als ich ihnen nach fast einem Jahrzehnt in der Hansestadt mitteilen konnte, dass ihr Star Bremer sei. (Dass James in Wirklichkeit *Hans* – ja, *Hansi* in Bremen – hieß, habe ich erst später erfahren.) Und dann gab es da noch einen deutschen Kriegsgefangenen, einen Torwart aus Walle, einen Bremer zwischen den Pfosten meiner Kindheit, der 1956 in England Fußballer des Jahres war und nach einem Genickbruch, mit dem er im Pokalendspiel tapfer weitergespielt hatte, sogar zum Nationalhelden wurde. Bei Manchester City (545 Spiele in 15 Jahren), wo 1995 eine Tribüne nach ihm benannt wurde, gilt er immer noch als beliebtester Spieler aller Zeiten. Trotz der vielen Jahre in seiner geliebten Bremer Heimat kann ich diesen größten Torhüter, der nie für seine Nationalmannschaft spielen durfte, immer noch nicht ›Bernd‹ nennen, ich sage eher: *Bert* Trautmann OBE, also von der britischen Königin mit dem Order of the British Empire ausgezeichnet.

By the way: Medienstark sind Bremer und Butenbremer allemal. Abgesehen von allen, von denen später die Rede sein wird, können wir die Sänger Joris, Flo Mega, Mark Tavassol (Wir sind Helden) und Johannes Strate (Revolverheld), den Gold-Schwimmer Florian Wellbrock, die Fußballnationalspieler Karim Bellarabi und Julian Brandt, die

Schauspielerinnen Barbara Sukowa und Katja Riemann sowie Ben und Merit Becker, den Kabarettisten Piet Klocke, den Politiker Jürgen Trittin und weitere für uns reklamieren. Bemerkenswert ist auch, dass – neben Flugzeugen von Airbus und Lkws und Luxuskarossen der Marke Daimler – Bremens Hauptexportartikel ausgerechnet Fernsehmoderatoren sind und waren: Reinhold Beckmann, Jan Böhmermann, Bärbel Schäfer, Laura Wontorra, Lena Gercke und Hans-Joachim Kulenkampff wurden hier oder im Bremer Umland geboren; und zu den Tolopenen – denjenigen, die wegen Radio Bremen ihren Ruhm in der Hansestadt gesucht und gefunden haben – gehören Loriot, Rudi Carrell und Lauras Vater Jörg Wontorra. Und: Für den Außenseiter mag es anmaßend klingen, wenn ich Wimbledon-Siegerin Angelique Kerber als Tochter unserer Stadt vermelde, da sie schon im Alter von acht Monaten nach Kiel gezogen ist. Aber wenn Marbach am Neckar einen Nationaldichter, der schon mit vier Jahren die Stadt für immer verließ, für sich reklamiert, sich zur schillerstadt-marbach.de erklärt und das Schiller-Nationalmuseum, das Deutsche Literaturarchiv und das Literaturmuseum der Moderne beherbergt, warum nicht?

Ich werde in diesem Stadtführer in – fast – alle Himmelsrichtungen ausschwärmen. Wieso fast? Nun, weil bestimmte Ortsteile vernachlässigt werden, weil ich persönliche Schwerpunkte setze. »Im Osten nichts Neues?«, höre ich beispielsweise Bürger aus Osterholz oder Hemelingen fragen. *Mea culpa*: das Buch hört im Osten mit Schwachhausen und Hastedt auf. Nix Horn, Oberneuland, Borgfeld. Dabei ist Bremens Nordosten edel. Große Häuser, gepflegte Grundstücke. Allerdings: fern vom pulsierenden urbanen Leben, das mich so sehr interessiert. Und der Südosten? Jeder Bremer muss zugeben, dass dieser Teil Bremens ziemlich bedeutsam ist, ist er doch die Heimat des größten Arbeitgebers der Stadt. Wenn ich den Osten vernachlässige, dann, weil er nicht zu meinem alltäglichen Bremen gehört. Dabei hat er dem Besucher viel zu bieten: den Rhododendronpark, Radtouren durch Oberneuland, spannende Rundgänge durch das Mercedes-Werk in Sebaldsbrück, einen Friedhof, der genauso interessant und wohltuend ist wie der in Walle, ein Einkaufszentrum, das genauso attraktiv ist wie die Waterfront im Westen. Und in der überraschend schönen Hochhausburg Osterholz-Tenever ist die

Deutsche Kammerphilharmonie Bremen in einer Schule beheimatet. Ja, ich höre es: Jetzt kommen auch schon die ersten Beschwerden aus dem Südwesten. *Huchting, here we come …*

Liebe Leserin, lieber Leser, nicht verdutzt sein, wenn ich dich auf unserem gemeinsamen Weg durch Bremen duze. Zum einen kommt das dem vereinfachenden *you* meiner Muttersprache entgegen, zum anderen ist auch dem Bremer an sich das informelle Du vertraut. Und wenn ich nun im Weiteren nicht, wie gerade hier, bei der Anrede geschlechtsspezifisch unterscheide, sondern schlicht vom Leser, vom Bremer u.ä. spreche, so geschieht das der Einfachheit und Lesbarkeit halber und sei mir bitte verziehen (und nicht in die feministische Waagschale zu werfen!). Schließlich sind wir ab jetzt ungezwungen miteinander unterwegs – durch dieses schöne, schmuddelige, liebenswerte Bremen. Und nicht vergessen: Ich bin nicht nur ein unkonventioneller Stadtführer, sondern auch ein irischer Bremer, der immer mal wieder in seine Muttersprache rutscht.

Und falls du über den Running Gag mit den manchmal unvollständigen Kapitelüberschriften stolpern solltest: diese zu komplettieren sei deine Aufgabe und dein Wissensgewinn.

Last but not least sind meine Verleger und ich für jede Berichtigung und jeden konstruktiven Vorschlag dankbar, der eine zweite Auflage – wenn es so weit kommen sollte – besser macht: info@edition-falkenberg.de. Dafür herzlichen Dank im Voraus. Nun aber fangen wir ganz konventionell an, mitten im Touristen-Bremen, zu Fuß in der ›City‹ (grrrr!).

Enjoy.

Meine gute Stube

Genauso wie die Sommertouristen genießen auch die Bremer den Marktplatz vor dem Rathaus, Bremens gute Stube genannt, wenn er voller Stühle, Tische und Kellner ist. Flaggen am Rathaus, große Brauerei-Sonnenschirme, Reisegruppen am Roland: Da haben wir ein bisschen das Gefühl, in der Mittagssonne mit dem Marcusplatz oder der Spanischen Treppe mithalten zu können – weltoffen und mediterran.

Der Marktplatz lädt den Besucher aber auch zu anderen Jahreszeiten zu Highlights ein. Zunächst kommt im Spätsommer das Musikfest Bremen, das Weltniveau in allen Gattungen und auf vielen Bühnen bietet. Die Eröffnung ist von besonderer Schönheit; an neun verschiedenen Orten um den Marktplatz herum werden in drei Zeitschienen (19:30, 21:00, 22:30) 27 Konzerte gegeben. Unter den Spielstätten sind der Dom, die Obere Rathaushalle, die Bürgerschaft, der Schütting und die Kirche Unser Lieben Frauen, so dass aus allen Ecken Musik erklingt. Dabei wird der Platz auch für Flaneure und Musikbanausen sowie für diejenigen, die sich die Eintrittspreise nicht leisten können, kostenlos in eine Zauberwelt verwandelt. Es wimmelt von Bier- und Weinbuden, wo während der Konzerte immer Plätze zu finden sind und schnelle Bedienung garantiert ist. Zwischen den Konzerten ist die Bedienung, wie von Zauberhand, genauso flink, nur mit den Plätzen sieht es dann nicht mehr so gut aus. Unentwegt werden das Rathaus, der Dom, der Schütting und das Haus der Bürgerschaft durch Laserprojektionen und Wandilluminationen bestrahlt. Das Beste ist das geheimnisvolle, weil ungewöhnliche Blau. Geraunt wird überall und immer wieder, *uuh* und *aah*. Ja, bei uns ist der September ein Wonnemonat – lauer Altweibersommer.

In den dunkleren Jahreszeiten wird der Marktplatz gleich zweimal magisch verwandelt. Bremens ›fünfte Jahreszeit‹ ist für 17 Tage im

Oktober der Freimarkt; dazu sagen die Eingeborenen und lokalen Steuerzahler wie ich: *Ischa Freimaak!*, ein Ausdruck, der dazu da ist, vieles zu entschuldigen: unkonventionelles Parken, lautes Rülpsen in der Straßenbahn oder Grenzüberschreitungen beim vielleicht lustig gemeinten, aber nicht so lustig ankommenden Alltagssexismus. Der große, also der eigentliche Freimarkt findet (nach mehrmaligem Standortwechsel über die Jahrhunderte hinweg, genauer: seit dem Jahr 1035) auf der Bürgerweide hinter dem Hauptbahnhof statt und wäre ein Kapitel für sich; der Marktplatz jedoch ist die Heimat des Kleinen Freimarkts, eine Bezeichnung mit Doppeldeutigkeit. Zunächst ist seine Größe durch Rathaus, Bürgerschaft, Schütting, Raths-Apotheke und Liebfrauenkirchhof erheblich begrenzt; aber er ist auch der Freimarkt für die Kleinen: etwas leiser, nicht so schrill und ordinär und nicht so viel Geflacker. Mittelpunkt ist ein Karussell »so wie es früher war«, Musik von anno dazumal inbegriffen. Das Aussehen des kleinen bunten Geräts kann nur als barock bezeichnet werden. Auch ein Riesenrad, das heißt eher ein Zwergriesenrad, ist für die Kurzen vor dem Schütting aufgestellt. Im Laufe des Spätnachmittags wechselt nach und nach das Publikum; Eltern bleiben mit ihren Kindern da, aber es kommen auch andere erwachsene Besucher hinzu – die *after-work*-Klientel, die gern Bier und vor allem Glühwein trinkt. Gegessen wird alles Mögliche. Die Bratwurst und die Champignons vom Schlemmer-Roland sind nur die konventionelle norddeutsche Spitze des schmelzenden Eisbergs. Es gibt alles, was der Bauch begehrt, von Chopsuey bis zu Waffeln oder Backfisch von Oeltjens Fischinsel; aber der Renner sind die Kartoffelpuffer mit Apfelmus – 3,70 Euro für drei Stück. An den kleinen runden Bistrotischen kommst du immer ins Gespräch: mit einer Apothekerin, einem Bankdirektor mit Schottenmusterschal, mit Schülern oder einem Arbeiter von der zentralen Post an der Domsheide. Kartoffelpuffer machen es nicht nur möglich, sondern geradezu notwendig. Zum Nachtisch unbedingt gebrannte Mandeln oder andere *Süße Sachen* (so heißt ein Bonbonstand), wie zum Beispiel Berliner oder Victoria. Aber Vorsicht: um 21 Uhr ist Schicht, zappenduster. Dann musst du in den *Kaiser Friedrich* (➢ *Der Bremer Fritz*, S. 59).

Die Glücksgefühle beim Freimarkt machen den Herbst zu mehr als Nicht-mehr-Sommer; er ist die »Zeit der Nebel und der reifen Fruchtbarkeit«, wie der englische Romantiker John Keats ihn einmal bezeichnet hat: *the season of mists and mellow fruitfulness.* Aber in Norddeutschland geht es nicht nur um Äpfel, Kürbisse, rotgoldene Farben und fallendes Laub, sondern auch um die sich langsam senkende, tröstliche Dunkelheit. Dazu kommt die Erinnerung, dass Kälte auch etwas Schönes hat. Es ist die Zeit der langen, besinnlichen Spaziergänge, dick vermummt, die Zeit der Kerzen und des Ostfriesentees – oder eben jenes Glühweins, dessen Geruch über den vollen, geschäftigen Marktplatz zieht und dich verführt.

Und sonst in der dunklen Jahreszeit? Reger Trubel! Sogar aus meiner britischen/irischen Heimat fliegen viele im Advent nach Bremen, um den Weihnachtsmarkt zu bewundern. Von der Stimmung her ist er dem Kleinen Freimarkt sehr ähnlich, das heißt, kein bisschen besinnlicher. Auch der Glühwein, die Kartoffelpuffer und das kleine Karussell sind mit dabei. Allerdings wird das Bild durch Kerzen aller Farben und Größen, Erzgebirgsfigürchen und Krippen dem Anlass entsprechend aufgepeppt. Die Verkaufsstände bieten alles – von Büchern, Schmuck und sonstigem Kunsthandwerk bis hin zu weihnachtlich geschmückten Bratpfannen. Andererseits: Am rechten Weserufer startet der Schlachte-Zauber, bei dem die ganze Weserpromenade in kaltes blaues Licht gebadet ist. Zentraler Begriff des Ganzen: *Gastrohütte.* Hauptattraktion ist neben dem großen Feuerwerk das mittelalterliche Flair mit Piraten und Gauklern, das dich zu einer ›Maritimen Reise ins 9. bis 17. Jahrhundert‹ verführen will. Nebenerscheinung: verrauchte Kleider am anderen Tag.

All das ist das *öffentliche* Gesicht des Marktplatzes. Meine gute Stube aber – *meine* gute Stube – zeigt sich oft anders.

Es ist 16 Uhr 30 an einem Spätoktobertag. Nebel oder Niesel? Schwer zu sagen. Ich mache das Rad wie immer gegenüber der Baumwollbörse an der Ecke Marktstraße/Wachtstraße fest. Und heute, wie jedes Mal, muss ich an meinen allerersten Blick auf den Marktplatz denken. Ich hatte damals nicht erwartet, dass ich in einer solchen Werften-, Kaufmanns- und

Industriestadt plötzlich aufs Mittelalter stoßen würde. Ich dachte, ich wäre in Disneyland gelandet. Auch damals – es war am Abend – war die Beleuchtung geschickt eingesetzt. Während ich das Bügelschloss einschnappen lasse, halte ich inne und denke kurz zurück an das stolze Lächeln meiner neuen Bremer Freunde, die diese erste Reaktion öfter erlebt und den Gang von der Haltestelle in der Balgebrückstraße bewusst gewählt hatten, so wie ich das später mit irischem Familienbesuch tat.

Aber jetzt muss ich rasch weiter, eine externe Festplatte kaufen (etwas, was damals unvorstellbar war). Von der südlichen Ecke her gehe ich zwischen *Starbucks* und dem Kaffeehaus *Classico* hindurch. Manchmal denke ich, die amerikanische Kaffeekette habe ihren Laden – wie einst die neue Bürgerschicht den Roland, dieses Mahnmal gegen den Bischof im Dom – bewusst gegenüber einem der schönsten Cafés der Stadt platziert: »Schaut her – wir sind die Zukunft!« Diese Rechnung ist jedoch nicht aufgegangen; die Bremer – und nicht nur die älteren – bevorzugen das *Classico*, mit freundlicher, ausgebildeter Bedienung, Wiener Kaffeehaus-Atmosphäre, unwiderstehlichem Kuchen (hach, der warme Apfelstrudel!), und einer schier endlosen Palette von Kaffeesorten – genauer gesagt: 23! – von Lloyd Caffee (➢ *Die gläserne Rösterei*, S. 169).

Wie dem auch sei: Mein Blick fällt jetzt auf die Sparkasse, die Raths-Apotheke, Beck's am Markt. Inzwischen weiß ich, dass ich damals wirklich einen Hauch von Disneyland erlebt habe, denn die nordwestliche Seite wurde zwar schön, aber historisch nicht ganz korrekt rekonstruiert. Ich kenne schon lange die Marktplatzfotos von 1890 oder 1905, auf denen diese Häuserfront weniger Weserrenaissance und Barock erkennen ließ als vielmehr Biedermeier. Gerade im 19. Jahrhundert wurden im Fortschrittsrausch (ähnlich übrigens den Verschandlungen der 1960er Jahre) viele Renaissancefassaden abgerissen. Aber ich erfreue mich immer noch und immer wieder an diesem halbherzigen Kompromiss, der Dombaumeister Salzmanns pompös-biedere, zerbombte Apotheke von 1897 durch eine ältere, hanseatischere ersetzte. (Das Vorgängerhaus war übrigens richtig langweilig.) Und die wie Renaissance anmutende Neue Sparkasse wurde sowieso erst 1896 erbaut und ein halbes Jahrhundert später völlig zerstört. Und was gibt es heute

Nachmittag auf dem Platz? Stände. Werbung. Ärzte ohne Grenzen. Danke, wir spenden schon. Schönen Tag auch.

Der Nebel ist nun endgültig Niesel. Kapuze hoch und ab in die Obernstraße.

Oder es ist samstagmorgens im späten Mai. Mai und Juni sind für mich die schönsten Bremer Monate. Das Hellgrün herrscht in dieser Baumhauptstadt vor. Ich komme dieses Mal zu Fuß vom Wall durch die Bischofsnadel quer über den Domshof. Es ist noch Markt, und ich kaufe bei Nußbaum einen reifen Farmyard Cheddar. So nähere ich mich dem Marktplatz von Nordosten, zwischen Dom und Rathaus. Zu meiner Linken der alte Bismarck auf seinem Pferd, der bis zum Erscheinen dieses Buchs eventuell als »kriegsverherrlichendes« Denkmal entweder entfernt oder durch eine weitere Statue ausgeglichen sein könnte. Als Ausgleich ist Bremens pazifistischer Friedensnobelpreisträger (1927) Ludwig Quidde im Gespräch. Diese Diskussion und auch der vorgeschlagene Kompromiss sind typisch für die Stadt; der Bremer duelliert sich gern mittels Leserbrief im Weser-Kurier. Der Himmel ist wolkenlos, die Luft warm, aber die Brise aus dem Osten, die mich hinter dem Dom grüßt, ist erfrischend.

Solange auf dem Domshof Markt ist, herrscht auf dem ›eigentlichen‹ Marktplatz weniger Betrieb. Und was ist heute vor der Bürgerschaft los? Eine Kurden-Demo. Ich bedanke mich für das Flugblatt bei der freundlichen jungen Dame. Ja, ich weiß schon. Viel Glück.

Überhaupt: Domshof. Vor dem Bummel über den Markt musst du den Spuckstein auf der linken Seite des Doms suchen, der an die 1831 an dieser Stelle hingerichtete Massenmörderin Gesche Gottfried erinnert – und darauf spucken. Dann kannst du weiter schlendern, zwischen dem Dom und dem Prachtbau der ehemaligen Bremer Bank (nun *Manufactum*) hindurch zum Haus der Wissenschaft im liebevoll renovierten früheren Vereinshaus des 1846 gegründeten Arbeiterbildungs- und Sportsvereins Vorwärts, einem der ältesten Deutschlands.

Nun ist Februar und es liegt Schnee. Obwohl dies oft passiert, klagen die Bremer immer wieder darüber, so, als wären sie von einer

Naturkatastrophe überrascht, als wären sie des Frühlingsanfangs beraubt worden. Dieses Mal bin ich vorsichtig mit dem Fahrrad die Weserpromenade entlanggeschliddert – ein Lieblingsweg von mir in die Stadt, solange Flut oder gar Hochwasser es erlauben. Auf diese Weise komme ich aus dem Südwesten in die gute Stube, über die Bredenstraße und die Stintbrücke. Da steht schräg vor mir stolz das Rathaus. Diesen schrägen Blick – im Gegensatz zum Geradeaus der Touristen, die aus der Böttcherstraße kommen – habe ich mir zu Eigen gemacht. Auch wenn meine Gangschaltung eingefroren ist, mir ist warm ums Herz. Ich gehe langsam auf die Mitte des Platzes zu, auf das große Hanseatenkreuz, drehe mich um und schaue auf den Schütting, das Rathaus im Rücken, dann schweift mein Blick von der Bürgerschaft zu *Beck's am Markt*. Kurz vor 10 Uhr an einem Dienstag bei minus fünf Grad bin ich die einzige Seele in der guten Stube.

Ich finde meine Mitte
in der Mitte meiner Stadt

One-Night-Stand? Nichts gegen Roland, aber

Alles spricht dafür: die Zahl der am Altenwall geparkten deutschen Reisebusse; die Skandinavier-Gruppen, die an Sommerabenden auf dem Marktplatz die für sie traumhaften Preise des örtlichen, aber weltbekannten Biers besingen; und die Tatsache, dass um diesen Marktplatz herum die meisten Hotelketten zu finden sind. Sogar die offizielle Statistik bestätigt es: Bremen ist eigentlich ein One-Night-Stand.

Eigentlich gehört sowieso zu meinen Lieblingswörtern in der deutschen, also in meiner Schwiegermuttersprache, und hier wiegt das *eigentlich* schwerer als sonst. Aber ja: Eigentlich kann man Bremen in der Tat mit einer Übernachtung abhaken – und das ohne den Gebrauch von öffentlichen Verkehrsmitteln. Denn das ›Touri-Bremen‹ schafft man gänzlich zu Fuß: Dom, Marktplatz, Rathaus mit Ratskeller und Stadtmusikanten (Esel-an-die-Waden-Greifen und Wünsch-dir-was). Hierbei hört man oft: »Die sind ja viel kleiner, als ich sie mir vorgestellt habe«. Dann auch Böttcherstraße, Schnoor-Viertel, mal kurz die Weser schnuppern. Schließlich noch schnell eine Bratwurst neben der Liebfrauenkirche holen (»Eine vom Rost, bitte«, heißt das übrigens), und ein teures Bremer Schokoladen-Mitbringsel kaufen (besser dunkler als feinherb), bevor man den Bus gen Rhein, Hamburg oder Amsterdam besteigt.

Doch das wäre wirklich schade, weil diese Stadt, meine zweite Heimat, von einer solchen – manchmal bourgeois glänzenden, manchmal liebenswert und eher alternativ schmuddeligen – Schönheit geprägt ist, dass sie viel mehr zu bieten hat. Um dieses Bremen kennenzulernen, brauchst du mindestens eine Woche. Mein Besuch hier dauert schon über vierzig Jahre.

Um den *eigentlichen* Charme, die schlummernde Schönheit Bremens zu finden, lohnt es sich, die Hansestadt so zu genießen wie die mehr als eine halbe Million Menschen, die hier wohnen. Denn in den schönen und auch nicht so schönen Vierteln, vor allem in Wohnvierteln jenseits der Roland-Schnoor-Böttcherstraße-Schlachte-Achse, liegt der wirkliche Schatz Bremens. Wie du da hinkommst? Frag mal die Bremer Straßenbahn AG …

Der erste Blick? Die Bremer und die Stadtplanung

Schade, dass das Erste, was viele Besucher von Bremen sehen, der Bahnhofsvorplatz ist. An anderer Stelle habe ich schon über die Diskrepanz zwischen der Backsteinschönheit unseres preisgekrönten Hauptbahnhofs, den ich nicht Kopf-, sondern ›Herzbahnhof‹ nenne, und der Hässlichkeit direkt davor geschrieben.

> Denn für den Reisenden [...] ist das Heraustreten auf den Bahnhofsplatz ein dystopischer Schock. Der Blick schweift von links nach rechts über ein zusammengewürfeltes Szenario, das den Charme eines unaufgeräumten Kinderzimmers besitzt.
>
> (aus: Ian Watson, *Spielfelder: eine Fußballmigration*)

Besonderer Stein des Anstoßes war für mich und viele Bremer lange Zeit die Hochstraße, die Ende der 1960er Jahre als Nordrand jenes Autorings vorgesehen war, dessen Osttangente die Mozarttrasse (➢ *Mehr Demokratie gewagt,* S. 95) bilden sollte. In zahllosen Leserbriefkriegen wurde wieder und wieder der Abriss dieses Schandflecks verlangt. Die Grünen stimmten 2015 dafür und hatten dabei die CDU auf ihrer Seite. Viele Bremer plädierten jedoch für den Erhalt der Hochstraße (»hässlich, aber nützlich«).

Aus der Grandeur der Vorkriegszeit – eine edle Front von Hotels schräg rechts vom Ausgang, und schräg links die Badeanstalt und der Opel-Turm – ist eine triste Viereckigkeit aus den Fünfzigern und Sechzigern geworden.

Der Platz ›erlitt‹ mehrere Reparaturversuche: geometrische Muster am Boden, würfelförmige Blumenkübel aus Beton, Wasserspiele, einen Skatepark, sogar für kurze Zeit – Anfang der Sechziger – eine Grünfläche. Er blieb aber optisches Opfer dessen, was dahinterstand: der lieblosen Legoblocks, der Hochstraße und deren langer, dunkler Schatten. Nun wurde das Problem auf Bremer Art gelöst. Der Blick auf die ostberlinerisch anmutenden Klötze und den zweistöckigen Breitenweg wurde durch zwei Monumentalbauten mit einer eher als Windtunnel zu bezeichnenden Gasse versperrt, die von der Stadtseite her einen flüchtigen Blick auf den Herzbahnhof bieten sollte. Wie mein Kollege Marcus meint: »Ein Stück Mannheim in Bremen.« Diese Bauten haben sieben Stockwerke, von denen die obersten fünf jeweils über achtzig sehr schmale hohe Fenster aufweisen. Der erste Blick des Bahnreisenden? Vierhundert Schießscharten, und hinter jeder ein Lee Harvey Oswald. Willkommen in Bremen.

Die Option für dieses Bauprojekt löste in der Lokalpresse eine sehr einseitige Auseinandersetzung in den Leserbriefen aus – gefühltes Pro und Kontra: eins zu zwanzig. Der Bremer an sich – und nicht nur der leserbriefschreibende – mag keine Stadtplaner. Auch wenn diese Einstellung von Fachkundigen als provinziell, krankhaft nostalgisch oder gar reaktionär abgetan wird, hat sie in der neueren Geschichte eine vertretbare Berechtigung. Abgesehen davon, dass es den Bremern nicht entgangen ist, dass viele der Architektenbüros, die die Vierecke bauen, sich in renovierten Altbremer Häusern befinden, braucht man nur die Obernstraße entlangzugehen.

Bremens Shoppingmeile – seit Jahren ein wiederkehrendes Thema in den Leserbriefdiskussionen – bietet eine traurige Parallele zum Bahnhofsplatz. Links und rechts nur Sechziger-Jahre-Vierecke mit ein paar wenigen (aber leider angeklatscht wirkenden) Giebeln, Handyläden und Einzelhandelsketten, an der eigentlichen Hauptstrecke weder Baum noch Strauch. Die einzigen Lichtblicke sind die Bäume am Ansgarikirchhof und in der schmalen Papen-/Pieperstraße, die quer von der Knochenhauerstraße Richtung Weser über die Shoppingmeile hinweg verläuft, sowie der Blick nach Osten auf Rathaus und Domtürme. Und in der Mitte der Ansgarikirchhof ohne Ansgars Kirche. Noch schmerzvoller wird dieser Verlust durch das Wissen, dass 1956 das elfstöckige Finke-Hochhaus auf ausdrücklichen Wunsch der Stadtplaner extra hoch gebaut wurde, um »die optische Funktion des zerstörten Turms der Ansgarikirche zu übernehmen«. In der Tat überschattet es das alte Gewerbehaus – ursprünglich Wandschneiderhaus von 1621, im Stil der Weserrenaissance – derart, dass ein ästhetisches Foto vom alten Gebäude, das jetzt die stolze, schnuckelige Heimat der Handwerkskammer ist, unmöglich wird.

Es ist eine Ironie der Geschichte, dass die Traditionsfirma, die das Hochhaus dereinst bezog (der Herrenausstatter J.H. Finke), ein gutes halbes Jahrhundert später Konkurs anmeldete und so zum Inbegriff des schleichenden Verfalls der Obernstraße wurde. Den Satz des damaligen Junior-Chefs müsste man den Stadtplanern hinter die Ohren schreiben: »Wenn man mehr Center genehmigt, als eine Innenstadt vertragen kann, wirkt sich das irgendwann verheerend aus. Das haben andere Städte auch schon gemacht. Es führt irgendwann zum Tod der City.« (*BILD Bremen* vom 13.06.2009)

Gegenüber der Handwerkskammer steht das Bremer Carrée (1986), das der Historiker Jens Huschke vom Verein Historisches Stadtbild Bremen als »schwarzen, gläsernen Sarg« bezeichnet. Huschke und seine Mitstreiter plädieren – wenn auch realistisch-pessimistisch – für den Wiederaufbau des Ansgariturms. Immer öfter wird auch zum Abriss des Sargs aufgerufen.

Die Lesermeinungen zum Thema Obernstraße spiegeln den Sachverhalt, dass viele Bremer seit Jahren eher in die Einkaufszentren im Osten und Westen oder gar nach Oldenburg fahren als in die Innenstadt. Das neueste Kapitel dieses ewigen Kriselns ist der Anlauf des größten Bremer Bauherrn und Reeders, die Shoppingmeile von Grund auf neu zu gestalten und durch ein großes Fußgängerzonennetz attraktiv zu machen. Bis dahin – falls es überhaupt gelingt – hat der Einkaufstourist hier nichts verloren; solche Läden hast du auch in Augsburg oder Görlitz oder Köln.

Böse Zungen mögen behaupten, dass die Bremer Massenmörderin Gesche Gottfried schuld daran sei, dass ein langer, gruseliger Schatten über der Obernstraße liegt: Sie wohnte nämlich von 1821 bis 1824 hier. Der Autor glaubt jedoch nicht an Flüche. Wenn die Obernstraße in ihrem gegenwärtigen Erscheinungsbild überhaupt eine Funktion hat, dann als Mahnmal dafür, wie viel an Schönheit und Lebensqualität durch Krieg verloren gegangen ist.

Eis brechen in der Straßenbahn | der Bremer an sich

Augenkontakt mit Fremden ist keine große Stärke der Bremer – und damit meine ich nicht nur die deutschen Bremer. Es ist nicht das bewusste Nicht-Hingucken wie in der Londoner U-Bahn, jenes sture Auf-den-Boden-Starren. Starren tun die Bremer nämlich gern – und zwar *dich* anstarren. Sobald du es aber spürst und hinschaust, interessieren sie sich plötzlich für den Weser-Kurier oder ihre Armbanduhr. Aber es gibt auch diejenigen, die nicht aufhören zu starren, wenn du zurückblickst. Diese Minderheit wird dich sogar sekundenlang wie ein Röntgengerät durchbohren, womöglich im Geist ausziehen, um sich dann langsam der Zeitung oder der Uhr zu widmen. Gerade für Nicht-Deutsche kann das nervenaufreibend sein, aber es ist alles harmlos und hat sogar eine positive Seite. Denn die Bremer sind im Herzen immer noch ein Seefahrervolk, das es sowohl *buten* als auch *binnen* wagt. Sie sind von der DNA her neugierig und auch daran gewöhnt, Fremde in ihrer Stadt zu haben. Wer Schwierigkeiten mit dem Ticketautomaten in der Straßenbahn hat, wer einen Rollkoffer hinter sich herzieht, wer mit einem Stadtplan jongliert, zieht Blicke auf sich. In anderen Städten – Dublin oder Belfast etwa – würden die Einheimischen den ersten Schritt zur Befriedigung ihrer Neugier mit der Frage stillen: »Kann ich Ihnen helfen?« Der Bremer verzichtet auf dieses Vorspiel und steigt sofort ein mit: »Wo kommen Sie her?«

Es gibt keine effektivere Methode, mit den Eingeborenen in Kontakt zu kommen, als hilfesuchend vor dem Ticket-Automaten zu stehen. Bei der Bremer Straßenbahn AG kann man nämlich seit Jahren die Fahrscheine nicht mehr beim Fahrer kaufen. Das ist sehr lobenswert, da es unsere Fahrten erheblich verkürzt, für Besucher aber eher ungünstig. Direkt an der vordersten Eingangstür – wo natürlich jeder Reisende erwartungsvoll einsteigt – ist ein kleines, blaues, geheimnisvolles Gerät, das ausschließlich einheimische Bremer Dauerreisende mit der grünen BOB-Karte (*Bequem ohne Bargeld*) bedient – also nichts für Gäste unserer Stadt. Wenn man sich bis zum richtigen Automaten durchgekämpft hat, ohne gebissen, angeblafft oder kontrolliert zu werden, findet man sich einer größeren Maschine gegenüber, die Geld akzeptiert – und übrigens auch die BOB-Karte, so dass man nun mit Einheimischen in Konkurrenz steht. Aber Vorsicht: Dieser Automat akzeptiert nur *einen* Geldschein, so dass man, wenn man zu dritt ist, aufpassen muss, dass man den richtigen dabei hat. Und wenn man weiterfahren will, zum Beispiel im Zug mit dem Niedersachsen-Ticket nach Hannover, Oldenburg, Hamburg oder gar Sprötze (ja, das gibt es), muss man einen Zwanziger bei sich haben, sonst ist man verkauft und verraten und wird womöglich auch noch kontrolliert. Der Bildschirm dieses Automaten, der den ganzen Retro-Charme eines Macintosh Classic Videospiels aus den neunziger Jahren hat, ist eigentlich selbsterklärend aufgebaut – wenn man nicht genervt und/oder fremd ist. So werden die Bremer gelegentlich von der Zeitungslektüre durch ein leises Winseln abgelenkt, das von einem leidenden Fremden herrührt, hinter dem vier genervte, weil eilige Bremer stehen. Achte also auf dieses Winseln; es ist deine Visitenkarte, um das Eis zu brechen. Es dauert aber. Eine nur kurze Hilflosigkeit erzeugt zunächst ein *tsk* oder *dz-dz* der eiligen Bürger, und erst wenn dieser Ausdruck des Missfallens nichts fruchtet, ertönt endlich das »Wo kommen Sie denn her?«. Das klingt wie: »Wo kommen Sie bloß her, dass Sie unsere Automaten nicht bedienen können?«, ist aber nicht so gemeint. Wenn du deine Dankbarkeit deutlich genug gezeigt hast, kommst du mit dem Bremer ins Gespräch und hast bis zum Weserwehr – »Ach nee, Sie wollten doch am Stadion aussteigen, oder?« – alle Details über deinen Beruf und deine Familienverhältnisse preisgegeben.

Der lange Jammer | die Theorie

Auf die Idee zu einer langen Bremer Straßenbahnfahrt brachte mich meine amerikanische Kollegin Janice, Historikerin und Großstadtspezialistin, die für ihre Studienanfänger an der UCLA eine sinnvolle Übung entwickelt hat. Sie sollen einfach mit dem Bus fahren – vielleicht gar nicht so einfach für all diejenigen, die in der Stadt noch nie Bus gefahren sind. Jan schickt sie nämlich mit der Los Angeles Metro Buslinie 720 ostwärts von Santa Monica über das südliche Hollywood den gesamten Wilshire Boulevard entlang – das sind ganze 26 Kilometer –, und dann weiter über 6th Street nach Downtown Los Angeles. Die Hausaufgabe besteht darin, ganz genau zu beschreiben, was für Menschen wo ein- und aussteigen, aber auch zu protokollieren, wie die verschiedenen Stadtteile aussehen, durch die sie fahren. So bekommen die Studenten die Vielfältigkeit von LA zu sehen, von den ganz reichen Gebieten, wo niemand ein- und aussteigt, über spezifische, ethnisch geprägte Stationen wie das 5 Kilometer lange Koreatown oder Beverley Hills, wo ausschließlich Menschen hispanischer Herkunft an den Haltestellen zu beobachten sind. Also schließen viele der Erstsemester, dass in Beverley Hills nur Latinos leben, bis die Dozentin sie aufklärt, dass die Menschen, die sie gesehen haben, alle *Bedienstete* seien, wohingegen die eigentlichen Bewohner von Beverley Hills nur Auto bzw. Stretch Limo fahren. Nur jungen Erstsemestern ist die ganze Übung hin und zurück in einem Rutsch zuzumuten. Die gesamte Route der Linie 720 führt übrigens sogar noch weiter über Whittier nach East LA: in eine Richtung zwei Stunden und neun Minuten, ein langer Jammer.

Jede Stadt in Deutschland scheint einen langen Jammer zu haben. In Bremen ist das die Lilienthaler Heerstraße im Nordosten der Stadt, eine kerzengerade Chaussee – so hieß sie auch bis 1914 – ins niedersächsische Trabantengebiet, die zu Zeiten des Zu-Fuß-Gehens und des Pferdewagens schier unendlich erschienen sein muss. Dort wohnen nicht nur Menschen, die wegen der niedrigeren Mieten oder Hauspreise hinausgezogen sind, sondern auch wohlhabende Geschäftsleute, schlaue Anwälte oder ökologische Professoren, die ihre Steuern nicht in der Hansestadt zahlen wollen. Sie wohnen lieber im kultigen Worpswede oder im ländlich anmutenden Lilienthal und pendeln mit dem Auto, was zu täglichen Staus von fast LA-artigem Ausmaß führt und von den Verursachern dann heftigst bejammert wird. Und das, obwohl die Straßenbahnlinie 4 in einer guten Stunde von Lilienthal über die Stadtmitte und die Neustadt in die südöstlichen Stadtgebiete Huckelriede, Kattenturm und Arsten fährt.

Aber auch die Stadt Bremen selbst ist ein langer Jammer, wie ein Blick auf die Landkarte verrät. Mein Bremer Autorenkollege Rudolf Bauer, der zugegebenermaßen aus den noch öfter zu zitierenden ›südlichen Gefilden‹ stammt, beschrieb einst die Stadt sogar so: »Diese stadt ist ein langgestrecktes nasses etwas, eine beleidigung am fluß und ein schandhafen.« Natürlich teile ich diese Meinung nicht, sonst säße ich nicht hier als Autor bei der Arbeit, aber sein beleidigender Text ist trotzdem köstlich: »Ihre bewohner erliegen dem wahn und sind vergittert. Ihr stolz sind lärmende haustiere im zustand des alterns. […] Auf dem radweg parken die automobile, auf den straßen hocken die blumenkübel.« Ein Jammer in der Tat, und Bremen ist wirklich lang; die Stadt hat eine Luftlinienlänge von 38 Kilometern und ist, so gemessen, nur 16 Kilometer breit. Aber die Route von Mahndorf an der südöstlichen Grenze zu Achim bis nach Niedersachsen im Nordwesten (über den Hauptbahnhof mit den Straßenbahnlinien 1 und 10 sowie mit dem 90er Bus nach Schwanewede/Neuenkirchen in Bremen-Nord), beträgt ganze 51,8 km und dauert über 2 ¼ Stunden – ohne Umsteigezeit. *Eat your heart out, LA!*

Aber: Abgesehen davon, dass Bremen-Nord wirklich ein äußerst peripheres Gebiet meines Bremen ist, würde ich niemanden mutwillig nach Schwanewede oder Neuenkirchen schicken. Also muss es Kompromisse geben …

Der lange Jammer | die Praxis, oder so

Lässt sich in Bremen eine Sightseeing-Tour à la LA denken? In einem Wort: Jein. Einerseits erfährst du bei einer Fahrt von Sebaldsbrück im Osten nach Gröpelingen im Westen viel vom Charakter der Stadt jenseits der Böttcherstraße – also, wie das bunte, vielfältige Bremen wirklich tickt. Egal, ob du mit der Linie 2 oder mit der Linie 10 fährst, dauert die Tour von circa 14 km und gut 30 Haltestellen nur 44 Minuten. Ein Straßenbahn-Freak könnte zum Beispiel am Hauptbahnhof in die 10 einsteigen und die 6 km nach Westen fahren. Es fängt vielversprechend an: am schönen Übersee-Museum und dem schicken Multiplex-Kino vorbei. Dann wird es – sagen wir mal – herausfordernd. Nun erlebst du kilometerlang und unmittelbar die Sünden, die nach der Bombardierung der hochindustriellen Stadt im Zweiten Weltkrieg begangen wurden: Plattenbauten aus den fünfziger Jahren, schnell zusammengeschusterte Arbeiterwohnblöcke. Und da fängt das Andererseits an: touristenschön ist das nicht. Aber der Straßenbahn-Freak lässt sich nicht durch temporäre Hässlichkeit einschüchtern, sondern schaut nach links und rechts und beobachtet seine Bremer Mitreisenden mit wachsendem Interesse. Wer spricht welche Sprache? Wie sehen die Menschen aus, die da oder dort ein- und aussteigen?

In Walle wird es interessant. Hier herrscht auf der Heerstraße ein Straßenbild, das du aus anderen deutschen Großstädten so nicht kennst: aneinandergereihte Einzelhäuser oder kleine Geschäfte mit Wohnungen oben drüber; noch viele Bombenlücken, aber dazwischen immer mehr ältere Jugendstil-Häuser. Langsam versteht man den später zu erörternden Drang zur Gentrifizierung in diesem Stadtteil. Das alte Muster: Migranten ziehen ein, dann Studenten, die bleiben, aber älter werden und KITAs brauchen …

In den wohlhabenderen Gegenden wie Schwachhausen oder am Osterdeich hat die Wohnlage an der Hauptstraße Repräsentationscharakter. Das ist in Arbeiterstadtteilen wie Walle nicht der Fall, was für

Straßenbahn-Freaks und Autoren, die für sie schreiben, ein Dilemma darstellt. Denn die Heerstraßen im Westen sind weitgehend hässlich bis langweilig. An ihnen – wo es von Trams, Bussen und Abgasen wimmelt – wohnen eher diejenigen, die es aus finanziellen Gründen müssen. Hier regieren die Kioske, die Gemüseläden, die Fahrschulen, Tankstellen und Nagelstudios. Das eigentliche Leben, das Dorf, ist abseits der Hauptstraße. (Und Walle war wirklich ein Dorf, zuerst genannt 1139 und erst seit den 1880er Jahren ein Teil der Stadt. Es liegt sogar jenseits Utbremens, des ersten, 1072 gegründeten Dorfes an Bremens westlichem Rand. Auch Gröpelingen kam erst 1902 zu Bremen.) Um diesen Dorfcharakter – der übrigens auch im Prozess der Gentrifizierung ein attraktiver Faktor ist – nachempfinden zu können, muss man aus der Bahn aussteigen. Da gibt es zwischen Hauptbahnhof und der Endstation in Gröpelingen allerdings nur zwei Orte, die ich uneingeschränkt empfehlen kann:

- ➪ die *Union Brauerei* (Theodorstr. 12; Haltestelle Gustavstraße), Inbegriff der Gentrifizierung von Walle und Neugründung einer traditionellen Bremer Brauerei. Mehr dazu im Kapitel ➢ *Die drei Bs – Bier, Bremen und ein Apostroph,* S. 104.
- ➪ der Waller Friedhof – so heißt auch die Haltestelle (➢ *Pracht & Revolution,* S. 172).

Wer sich bei der *Union* gestärkt oder auf dem Friedhof innere Ruhe gefunden hat, muss nun wirklich tapfer sein, wenn er die Fahrt bis zum bitteren Ende, sprich: bis zur Endstation, durchstehen will …

Das Depot | Dreh- und Angelpunkt am Ende der Welt

Die Straßenbahnendstation Gröpelingen hat den Charme eines osteuropäischen Grenzpostens der 1970er Jahre. Nicht mal eine Möglichkeit, hier Kaffee trinken zu gehen. Das Depot, wie man sie im Westen nennt, wirkt in ihrer Industriearchäologie wie die Mutter aller Endstationen, aber das ist nur die halbe Wahrheit. Denn hier enden nicht nur drei Straßenbahnlinien – die 2, die 3 und die 10 – aus dem Osten, sondern es fangen hier gleich neun Buslinien an, die weiter stadtauswärts gen Nordwesten fahren, darunter die besagte Linie 90, Bremens längste Busroute, die von der Stadt weg nach Neuenkirchen führt. Und in den 28,96 km und 41 Minuten steckt noch eine ganze Menge Bremen drin: Oslebshausen, Grambke, Burg (jeder Ortsteil mit einer eigenen Heerstraße), Burg-Lesum (wo sie Bremer Heerstraße heißt), Lesum, St. Magnus, Schönebeck, Vegesack, Blumenthal, Farge …

Während dem Binnenbremer jede Fahrt zur Tramendstation oder gar jenseits davon wie eine Weltreise vorkommt, ist das Depot für die Gröpelinger eine ganz normale Alltagshaltestelle. So müssen Gröpelinger Schulkinder, die die Oberschule in Oslebshausen besuchen, auf dem Schulweg vielleicht zwei, drei, vier Haltestellen mit der Straßenbahn zum Depot und dann noch drei Busstationen weiter bis Am Fuchsberg fahren. (Als ich eine Schülerin fragte, ob sich im Oslebshauser Knast auch die Bremen Jugendstrafanstalt befinde, antwortete sie: »Nein, nicht mehr, aber Oslebshausen *ist* eine Jugendstrafanstalt.«)

Auf der Webseite von Stadtkultur e.V. lese ich soeben unter BSAG Depot Gröpelingen: »Keine Veranstaltungen an diesem Ort«. Ein wahres Wort. Wer hier ohne triftigen Grund mit der 2 oder der 10 ankommt, hat nur eine Chance: sofort in die Stadt zurück. Aber bloß nicht die gleiche Strecke. Denn es gibt da noch die wunderschöne Linie 3, die vom ersten Augenblick an den Fluss sucht …

Die Drei | eine Perlenkette von Straßenbahn

Man müsste einen Hubschrauber, oder besser eine Harry-Potter-Maschine haben, um zum Gröpelinger Depot zu kommen. Aber von dort mit der Linie 3 die ganze Route zurückzufahren ist – wie die Leute hier sagen – *een ganz annern Schnack*. Hier, parallel zur Weser, *erfährt* man alles, was Bremen groß gemacht hat – vom Hafen über die maritim-merkantile Stadtmitte bis zum Weserwehr, das die ganze Stadt sichert. Entlang der Linie 3 (34 Minuten) findest du eine ganze Reihe von Bremer Perlen, von denen du vielen im Laufe dieses Buches wieder begegnen wirst.

Schon bei der ersten Haltestelle, der Kap Horn Straße, liegt links die Fatih Moschee, Heimat von Bremens größter und ältester muslimischer Gemeinde. Direkt gegenüber führt eine lange Fußgängerbrücke ins Hafengebiet. Die zweite Haltestelle heißt Use Akschen und erinnert die Bremer an einen großen Verlust. Hier stand seit 1872 die Werft A.G. »Weser Werft«, einer der größten Betriebe der Stadt. Nach einem langen Überlebenskampf gingen im Westen der Stadt bei der Schließung 1983 über Nacht 4.500 Arbeitsplätze verloren. Jetzt steht auf dem Werftgelände eines unserer großen Einkaufszentren, die Waterfront. Wenn du vor Use Akschen keinen Sitzplatz ergatterst, hat es nun keinen Zweck mehr, denn – je nach Wochentag und Tageszeit – steigen hier 40 oder 50 junge Leute ein, beladen mit Hunderten von Plastiktüten aus dem Waterfront *anchor store*, einem irischen Billigklamottengeschäft. Es lohnt sich auszusteigen, um einzukaufen oder Kaffee zu trinken, oder aber man spaziert zur Weser hinunter und auf die alte Werftinsel, wo viel geangelt wird. Zum Areal gehören auch das Cinespace mit elf Kinos sowie ein Hotel.

Nach Use Akschen kommen auf der linken Seite die alten, typischen Reihenhäuser der (ehemaligen) Werft- und Hafenarbeiter, dann die Hinterseite des Waller Friedhofs (➢ *Pracht & Revolution*, S. 172), der von hier aus jedoch nicht zugänglich ist. Von der Haltestelle Emder Straße aus geht es zu Lloyd Caffee, aber du kannst, wenn du da hin willst, auch beim

Waller Ring aussteigen und den im Kapitel *Die gläserne Rösterei*, S. 169 beschriebenen Spaziergang machen. Es folgen die *Alte Feuerwache*, der Holzhafen, der *Trucker Stop* sowie Speicher XI inklusive Hafenmuseum – alle im Abschnitt *Im Hafen, gehabt zu haben* zu finden. Links von der Tram siehst du die letzten alten Hafenbars des ehemaligen Vergnügungsviertels, das im Volksmund »Die Küste« heißt: die *Elefant Bar* und das *Krokodil*. Die nächste Haltestelle, Elisabethstraße, führt zum Heimatviertel (➢ *Eine westliche Heimat*, S. 175). An der Konsul-Smidt-Straße oder am Europahafen kannst du aussteigen, um rechts das neue Wohn-, Arbeits- und Gastro-Viertel Überseestadt (➢ *Im Westen was Neues*, S. 163) anzuschauen.

Nach der Haltestelle Hansator erkennst du rechts am Diakonissenbunker das riesige Wandbild Look at me Look at you (2009) des französischen Streetart-Künstlers Victor Ash, das auf allen vier Flächen Bilder von Menschen mit Fernglas zeigt. An der Eduard-Schopf-Allee passiert man rechts den Weserturm, der als Tor zur Überseestadt gilt. Steigt man bei Radio Bremen/VHS aus, so ist man sofort am Bamberger Haus (➢ *Ein windiger Blick*, S. 70) und auch nicht mehr weit von Rauchs Café-Bar entfernt (➢ *Gut versteckt, aber mittendrin*, S. 79). Diese Ecke des Stephaniviertels ist einen Spaziergang wert – mit Loriots Sofa vor Radio Bremen, einem Café-Restaurant direkt am Fluss, der Jugendherberge und der nahen Schlachte. Und nicht zu vergessen: neben Rauchs in der Langenstraße 74 die traditionelle Kaffeerösterei Münchhausen (ich lüge nicht!) am Geeren 24 (➢ *Wer kennt noch Steffensstadt?*, S. 72).

Am Brill kann man einen flüchtigen Blick auf die Weserburg auf der anderen Flussseite werfen. Kurz danach fängt die Schlachte, eine unserer Flaniermeilen, an, sowie die Einkaufsmeile Obernstraße, die den Fußgängern und der Straßenbahn vorbehalten ist. Hier fahren wir weiter, bis wir links den Ansgarikirchhof sehen, dann kommt die gute Stube mit Roland, Rathaus und Bürgerschaft (ja, das bin ich, der mitten auf dem Hanseatenkreuz steht). Es folgt die Domsheide mit dem Konzertsaal *Die Glocke* (1928) zur Linken und dem imposanten Landgericht (1879). Hinter der Domsheide fängt dann die Kulturmeile an: links die Stadtbibliothek (➢ *Drei Seufzerbrücken*, S. 63); rechts die Kunsthalle; auf beiden Seiten die Ostertorwache (➢ *Trunkenbolde, Bibelmänner*,

Volksschädlinge, S. 83), das Viertel in der Östlichen Vorstadt, Peterswerder und das Weser-Stadion.

Dann kommt das gemütliche, kleinbürgerliche Hastedt, und von der Endstation schließlich sind es nur noch drei Minuten zu Fuß bis zum Fluss und dem Weserwehr (➢ *Kormoranen-Country,* S. 134).

Spaziergang gefällig?

Beck's und hopp?
oder: Schokolade aus Polen

Koch & Bergfeld, Beck's und Borgward,
Kaffee HAG, Hachez, Eduscho, Ronning,
AG Weser, Bremer Vulkanwerft und Schilling,
Klöckner Stahl, Nordmende, Jacobs, Focke-Wulf,
Beluga und die Argo-Reederei.
Norddeutscher Lloyd und Kellogg's.
Kellogg's?

Ja, man könnte fast ein Gedicht ›anstimmen‹ über die traditionellen Bremer Marken und Firmen, die es in der Stadt entweder nicht mehr gibt oder die von internationalen Konzernen so vereinnahmt wurden, dass sie kaum noch zu erkennen sind.

Im Gegensatz zu anderen ehemals wichtigen Hansestädten wie Lübeck oder Lüneburg hat die Kaufmannsstadt Bremen den großen Sprung ins Industriezeitalter gewagt und geschafft: Schiffbau, Flugzeuge, Autos. Als eine der ersten hat die Firma Beck's und Co. es verstanden, aus dem eigentlich lokal oder regional gebrauten Bier ein nationales, ja internationales Produkt zu machen. Allerdings hat das postindustrielle Zeitalter mit seinen tiefen Containerhäfen und den Billiglohnländern in Europa und Südostasien diese Vorherrschaft zu Fall gebracht: nicht nur das Geschäft der Werften und der Häfen ist eingebrochen.

Die 1890 in Bremen gegründete Hachez Chocolade GmbH & Co. KG wurde 2012 von einem dänischen Süßwarenkonzern übernommen. Im Februar 2018 behauptete Hachez-Chef Strasoldo im Zeitungsinterview: »Bremen und Hachez sind stark verwoben. Die Marke hat etwas Norddeutsches und ist nach wie vor einer der großen Namen in Bremen […]

Die Bremer Identität ist wichtig und bildet eine starke regionale Verankerung«. Zwei Monate später kündigte der Konzern an, er werde 2020 die Produktion der Hochqualitätsmarke nach Polen verlagern. Über 250 Arbeitsplätze weg, wenngleich die Verwaltung in Bremen bleibt – was natürlich für das Etikett und die Stadtmusikantenriegel wichtig ist.

Und ja, Kellogg's. Ich weiß noch, wie wir in unseren Bretagne-Urlauben stolz auf das Kleingedruckte auf dem Cornflakes-Paket zeigten: *Produit à Brême, Allemagne.* 1962 wurde im Bremer Hafengebiet die Fabrik eröffnet, die die Zuckerprodukte in alle Ecken Kontinentaleuropas versandte. Tippst du heute bei kelloggs.de ins Suchfeld *Bremen* ein, so wird geantwortet: *no results found*, denn die Bremer Produktionsstätte wurde im November 2017 geschlossen.

Und weiter: Der Norddeutsche Lloyd fusionierte 1970 mit der HAPAG und hat seitdem seinen Standort in Hamburg.

Auf dem Etikett von Beck's Bier stehen die Großbuchstaben BREMEN • GERMANY, obwohl diese Biersorte nun angeblich an 15 Standorten gebraut wird. An den Kneipentresen wird von Skeptikern behauptet, in Bremen werde nur noch Haake-Beck gebraut. Dafür fand ich allerdings keine Hinweise. Viele behaupten, es schmecke nicht mehr so gut wie früher – »billigere Hopfen« –, aber diese Behauptung kenne ich seit Jahrzehnten von Irland her, über Guinness. Alternde Geschmacksorgane? Wie dem auch sei: »›In diesem Konzern‹, so bemerkte der Beck's-Betriebsrat angesichts des kürzlich angekündigten Stellenabbaus am Standort Bremen, ›hat Bier keine Heimat mehr.‹ Die Ortsangabe Bremen auf der Flasche ist anscheinend unverbindlich geworden.« (*Weser-Kurier* vom 18.01.2010) Das Bier gibt es noch, auch wenn der Name am Betriebsturm durch A-B InBev ersetzt worden ist. Die Tatsache, dass Adolphus Busch – zusammen mit einem anderen Deutschen, Eberhard Anheuser, Mitbegründer des amerikanischen Mutter-Konzerns – 1857 über Bremerhaven nach St. Louis ausgewandert ist, bietet am Tresen keinen Trost.

Natürlich lebt Focke-Wulf innerhalb des Hightech-Airbus-Aerospace-Gewusels am Bremer Flughafen irgendwie noch weiter, aber Henrich Focke und Georg Wulf würden ihre Firma genauso wenig finden wie die Autofahrer die Ausfahrt dort.

Als August Münchhausen 1946 seine heute noch existierende Kaffeefirma neu aufbauen musste, gab es 250 Kaffeemarken in der Stadt; als ich nach Bremen kam, gab es Dutzende von Kaffeeröstereien, viele mit bundesweit bekannten Namen. Auch wenn die Großen – bis auf Jacobs und Melitta – entweder eingegangen oder weggezogen sind, werden bis heute mehr als dreihunderttausend Tonnen Rohkaffee in Bremen umgeschlagen. Denn nun ist das Kaffeegeschäft in der Stadt wieder mehrheitlich wie früher: ein Kleingewerbe mit Hunderten von Röstern und Versendern. Zum Beispiel Lloyd und die gerade genannte Rösterei Münchhausen; in beiden werden Führungen angeboten. Seit Jahren werden Pläne für ein Kaffeemuseum geschmiedet; viele hoffen, dass es im neuen Jacobs-Hof in der Obernstraße entstehen könnte.

Jacobs, die traditionelle und beliebte Bremer Kaffeemarke, verbirgt sich inzwischen hinter dem Namen des US-Konzerns Mondelēz (ehemals Kraft), der vor Jahren Jacobs-Suchard geschluckt hat. Ebenso ist Milka dort gut versteckt. Früher wurde immer wieder der Tod der jeweiligen Milka-Kuh in der Lokalpresse bekannt gegeben. Nun wird die Schokolade in Baden-Württemberg und in Bulgarien hergestellt. Außerdem betrüblich: Von der anderen Weserseite weht auch bei entsprechender Windrichtung kein Kaffeeduft mehr über die Innenstadt oder die Neustadt; die Bohnen werden heutzutage weit weg geröstet – neben dem Bremer Kreuz an der Autobahn. Kraft hat damals auch Kaffee HAG mit Onko geschluckt. Die Produktion des koffeinfreien Kaffees am Bremer Holzhafen wurde 2017 eingestellt. Und wenn der Kaufmann EDUard SCHOpf heute von oben seine Bremer Kaffeefirma sucht, muss er mit Google Earth auf Barmbek in Hamburg zielen.

Wie Kaffee und Kakao gehört auch der Tabak zu den ›urbremischen‹ Produkten der hiesigen Kaufleute. 1850 gab es in Bremen 280 Tabak verarbeitende Stätten in der Stadt. Allerdings ist der Tabak ein janusköpfiges Symbol für Bremen. Einerseits war die Stadt »die Wiege der Tabakindustrie«, die es nun nicht mehr gibt – ein prägnantes Beispiel für die postindustrielle Umwandlung. Andererseits waren es genau solche Leute, die sich am Kolonialismus eine goldene Nase verdienten und den Nazis oft sympathisierend gegenüberstanden. Die Firma Martin Brinkmann AG (Lux Filter, Peer Export, Lord Extra) bzw. die Familie Ritter mag hier angeführt werden. (Die genannten Zigarettenmarken werden seit 1983 in Berlin von der British Tobacco Company BAT hergestellt).

Wenn du am Hauptbahnhof angekommen bist, dreh dich, bevor du auf den Vorplatz gehst, in der Bahnhofshalle um und schaue hoch. Das Mosaikbild von Alexandre Noskoff von 1957 wurde von der Firma Brinkmann in Auftrag gegeben. Es ist sehr schön, aber in letzter Zeit ins Visier der antikolonialistischen Bremer geraten. Eine genaue Betrachtung macht klar, warum. Das Bild zeigt einen weißen Seemann, der eine afrikanische Maske in Richtung Bremen schwenkt, einen Gegenstand, der den Besitzern entweder gestohlen oder zu Spottpreisen abgekauft worden war und in der Heimat für viel Geld verhökert wurde.

Die Brinkmann AG – schon 1929 Europas größte Tabakfabrik – kaufte 1965 ihren Konkurrenten, die pleitegegangene Firma C. F. Vogelsang von 1857 auf. Diese hatte über ihren Juniorchef Heinrich Vogelsang und dessen Partner, den Tabak- und Waffenhändler Adolf Lüderitz, kräftig von der kolonialistischen Ausbeutung in Südwestafrika profitiert. 1933 übernahm Wolfgang Ritter die Brinkmann AG, just als sein Vater, Inhaber Hermann Ritter, als Deutsch-Nationaler Senator im ersten Bremer NS-Senat wurde. Der Vater wurde danach Leiter des Produktionsausschusses Tabak beim Reichsminister Speer in Berlin und trat 1936 der NSDAP bei. Sohn Wolfgang baute das Gelände in Woltmershausen zu einem Vorzeigebetrieb der Nazis um, in dem die Gewerkschaft durch eine betriebseigene ersetzt wurde und wo osteuropäische Bürger und Kriegsgefangene durch Versklavung ausgebeutet wurden. Von der Bremer Tabaktradition bleiben nur noch: die Bremer Tabakbörse, die mit hochwertigem Stoff aus Indonesien handelt; Holger Voigts' Plastik ›Die Zigarrenmacher‹ im Buntentorsteinweg, als Denkmal für die radikalen Bremer Arbeiter, die schon 1849 eine eigene Gewerkschaft gründeten; und das Bremer Tabak-Collegium – eine der renommiertesten politischen Diskussionsrunden der Stadt.

In Sachen Kolonialismus-Aufarbeitung ist in den letzten Jahren viel gelaufen; so werden vom Verein Decolonize Bremen Fahrradtouren angeboten, bei denen auf kolonialistische Straßennamen (Lüderitz-, Vogelsang- usw.) hingewiesen wird. Gleich hinter dem Hauptbahnhof steht ein Elefant aus rotem Backstein, der 1932 zur Verherrlichung der kolonialen Handelsbeziehungen Bremens errichtet wurde, heute aber ein *Anti-Kolonialismus-Denkmal* ist. Direkt daneben befindet sich eine runde, aus Steinen bestehende Gedenkstätte für die Opfer des Völkermords an den Herero- und Nama-Völkern 1904–08. Seit 2008 pflegt der *Elefant Verein* die Denkmäler mit dem Ziel: »Bei kulturellen Aktivitäten wird darauf geachtet, dass die Erinnerung an koloniale Ausbeutung, Krieg und Leid lebendig gehalten wird.« Seit 2014 heißt das Areal, auf dem die Denkmäler stehen, Nelson-Mandela-Park. Es bewegt sich also etwas.

Derzeit wird an der Bremer Universität die Verbindung Bremens zur Sklaverei erforscht; dabei soll auch Tabak berücksichtigt werden. Allerdings zeichnet sich – im Gegensatz zu Städten wie Liverpool oder Bristol – als Fazit ab, dass die ›Stadt der Kolonien‹ Bremen (eine Bezeichnung aus der Nazi-Zeit) eher ›um die Ecke‹ vom Sklavenhandel und der Sklavenwirtschaft profitierte. Güter wie Tabak, Baumwolle oder Kaffee wurden aus Amerika nach Holland oder England geschifft; erst dann griffen die Bremer Kaufleute zu. Eine interessante Debatte.

Gehen im Industrie-Bremen also die Lichter aus? Sollen wir uns als bloßes Freilichtmuseum neu konstituieren? Verbreitet sich in der Stadt eine Opfermentalität? Pustekuchen. Zwar sind etliche Bremer Reedereien wie Argo pleitegegangen, und die riesige Beluga Shipping machte 2011 bei einem großen Betrugsskandal Insolvenz; die Nachfolgefirma sitzt in Hamburg, und nur das dunkle Betriebsgebäude auf dem Teerhof neben dem Uni-Gästehaus zeugt von den kurzen großen Zeiten. Dafür gibt es aber jetzt die Bremer Baufirma Zech Group, die inzwischen zu den größten Reedereien der Welt (Zeaborn) gehört. Außerdem ist Mercedes (mit Sitz in Sebaldsbrück) immer noch der größte Arbeitgeber der Stadt.

Abgesehen davon geht Bremen in eine dritte historische Phase. So wie im 19. Jahrhundert, als die Kaufleute die Industrialisierung wagten, wird nun der Weg der neuen Technologien beschritten. Die Straßenbahnlinie 6, die seit 1998 vom Flughafen direkt zur Universität verläuft, trägt den Kosenamen Technologiebahn; beide Endhaltestellen der Linie stellen Geburtsstätten der technologischen Entwicklung der Stadt dar.

Das Gebiet um den Flughafen herum heißt inzwischen Airport-Stadt und beschreibt sich in der Werbebroschüre als einen Hochtechnologie-Standort, der auf dem Weg ist, ein eigener Stadtteil zu werden. Der große Vorteil des Bremer Flughafens ist, dass er so dicht an der Stadtmitte liegt. Nur 10 Minuten von Arrivals/Ankunft bis zur Stadt und tagsüber alle fünf Minuten eine Straßenbahn. Die Airport-Stadt beheimatet neben Logistikunternehmen viele Hi-Tech-Startups sowie Forschungsstätten der Bremer Aerospace-Industrie.

Ja, und an der *anderen* Endhaltestelle (30 Minuten Fahrtzeit) die Universität mit Exzellenz-Etikett. Die ehemalige Reformuniversität, jahrzehntelang für ihre hervorragende Lehrerbildung bekannt, wurde *peu à peu* in eine Uni umgekrempelt, die ihren Schwerpunkt nun auf Technologie und Ingenieurwissenschaften legt und sehr wohl als ›exzellent‹ bezeichnet werden darf: Statt der inzwischen ausgehungerten, ja verslumten Geisteswissenschaften gedeihen jetzt Luftfahrtforschung, Geowissenschaften und Marine Geosciences, Produktionstechnik, Maschinenbau, Technomathematik und Medical Biometry. *Schade*, sagen viele; andere wiederum: *Gut so*. Das Land Bremen verzeichnet die höchste Pro-Kopf-Hochschulabsolventenquote aller Bundesländer – aber leider auch horrende bauliche und Ausstattungsdefizite im Schulwesen. Hinzu kommt ein so kolossaler Lehrermangel, dass die Bildungssenatorin im Frühjahr 2018 550 Pensionäre und Rentner anschrieb, ob sie nicht Lust hätten, auf Stundenhonorarbasis wieder in den Dienst einzusteigen. Welch bekloppte Idee, ausgebrannte und ausgelaugte Pädagogen so anzulocken, um vierzig Jahre chaotischer Bremer Bildungspolitik auszubügeln. Wen wundert's, dass sich lediglich neun ehemalige Lehrkräfte zurückgemeldet haben?

Roland und die rote Kaderschmiede

Daß die Revolte von 1968 eine der Jugend war, steht genauso außer Frage wie die Tatsache, daß es nicht nur um die 10 Pfennige ging
(aus: Jörg Streese, *Das Schweigen – Die Sprache – Der Aufbruch. Stationen einer Jugend vor dem Hintergrund der Bremer Straßenbahnunruhen 1968*)

Meine frühen Erinnerungen an Bremen sind widersprüchlich. Einerseits arbeitete ich an einer Reformuniversität, die vom Land Bremen erwünscht war. Andererseits: Wer in der Nachbarschaft seinen beruflichen Standort preisgab, wurde erstaunt begafft oder eher noch mit Klischees von der »roten Kaderschmiede« konfrontiert. Es schien, als würde das restliche Bremen nur aus der Bild-Zeitung und dem erzkonservativen Bund Freiheit der Wissenschaft bestehen. Spätestens da merkte ich, dass Bremen eine Stadt, wenn nicht mit zwei Gesichtern, so doch mit zwei Hüten war: ›buten‹ *versus* ›binnen‹, ›wagen un winnen‹ *versus* Behäbigkeit, Liberalität *versus* Wertkonservatismus. Weltoffenheit sowie Erfindungs- und Pioniergeist hatten auch mit Handel zu tun, und Letzterer beinhaltete kolonialistische Ausbeutung. Das bedeutete wiederum, dass in der Vergangenheit Weltoffenheit nicht immer Fremde anderer Couleur (auch im buchstäblichen Sinne) umfasste.

Bremen sieht sich in vielem gern als Vorreiter, und das stimmt auch – die Universität war ein Beispiel dafür. Ein Grundstein der Stadt ist die alte republikanische Tradition, antiklerikal und schnell gegen Autorität gerichtet – dafür steht ja der Roland –, die heutzutage in einer gewissen Aufmüpfigkeit weiterlebt. Empörung gegen Missstände verbreitet sich schnell und Solidarität ist hier leichter als anderswo herzustellen. Das ist immer wieder in Bürgerinitiativen zu beobachten, vor allem aber lässt sich das an einer Reihe historischer Höhepunkte festmachen.

Die Bremer Räterepublik wurde im Januar 1919, viele Wochen vor der Münchner, ausgerufen. Beide waren kurzlebig und wurden brutal niedergeschlagen. Der Unterschied liegt in der weiteren Entwicklung und Rezeption. Während München zur Hauptstadt eines der konservativsten Teile des modernen Deutschland (Ordnungszelle) und Brutstätte des Nationalsozialismus wurde, blieb Bremen aufmüpfig und mehrheitlich sozialdemokratisch.

Trotz des revolutionären Charakters des damaligen Aufstands – Besetzung des Rathauses, bewaffneter Kampf, Bildung von Arbeiterräten etc. – hatte die Räteregierung für März 1919 demokratische Wahlen nach allgemeinem Wahlrecht geplant; auch die Forderungen der Arbeiter damals entsprachen kaum mehr als dem, was wir heute für selbstverständlich halten (darunter zum Beispiel der Acht-Stunden-Tag). So wurden diese tragischen Figuren einerseits die ersten Opfer einer wachsenden reaktionären Bewegung in Deutschland, die im Faschismus ihren grauenhaften Höhe- bzw. Tiefpunkt fand, andererseits aber auch die Vorreiter unserer Demokratie.

Die Bremer Räterepublik wurde bekanntlich von Bremer Banken ausgehungert: diese weigerten sich, der neuen Regierung Kredite zu gewähren, mit denen u.a. die Beamten bezahlt werden sollten. Dann wurde die ›Sozialistische Republik Bremen‹ nach weniger als einem Monat militärisch besiegt, und zwar auf ganz brutale Art und Weise, hauptsächlich durch die als ›Freikorps‹ bezeichneten protofaschistischen paramilitärischen Verbände – in Bremen hießen sie Division Gerstenberg und Freikorps Caspari.

Auch von den Ereignissen 1968 blieb Bremen nicht unberührt. Die Uni – und damit die Studenten – gab es damals noch nicht. Stattdessen waren es Schüler, die eine Protestbewegung initiierten, deren Zündfunke die Preiserhöhung bei Bus und Straßenbahn ab Januar 1968 war, die sich aber auch auf andere soziale und politische Themen ausweitete: Bildungsreform, Notstandsgesetze, den Vietnam-Krieg. (Rudi Dutschke hatte schon Ende 1967 eine Rede in der *Lila Eule* im Ostertor gehalten.) Zunächst spielten sich die Straßenbahnunruhen an den Knotenpunkten Hauptbahnhof und Domsheide ab und verlagerten sich dann auf den Domshof und den Marktplatz, quasi zum Zentrum der staatlichen Macht hin. Die Spaltung Bremens wurde an dem Punkt spürbar, als der Polizeipräsident seine mit Schlagstöcken bewaffneten Beamten mit dem Befehl

»Draufhauen, draufhauen, nachsetzen!« in eine friedliche Demonstration hineinschickte. Es folgten Hunderte von Verhaftungen. Das wiederum weckte Empörung in der Bremer Öffentlichkeit und Politik; die Preiserhöhung wurde zurückgenommen.

Die Wahrnehmung der ›Unruhen‹ war und ist zwiespältig. Im Nachhinein bleiben sie als (erfolgreiche) Straßenbahn*kämpfe* in Erinnerung, zumal viele, die später in die Politik ein- oder in bürgerliche Berufsstände aufstiegen, daran beteiligt waren. Einer von ihnen war mein oberster Dienstherr Horst Werner Franke, 1983 bis 1990 Bremer Bildungssenator und 1986 Präsident der Bundeskultusministerkonferenz, der 1968 bei der Blockade auf den Straßenbahnschienen saß. Damals hießen die Ereignisse im Volksmund und galten in der Presse als Straßenbahn*krawalle*.

Seitdem hat Bremen mehrere Auseinandersetzungen erlebt, zum Beispiel die Proteste gegen die Gelöbnisfeier 1980 am Osterdeich, literarisch verewigt von Sven Regener in *Neue Vahr Süd* als »Schlacht am Weser-Stadion«.

Früher gehörte der Marktplatz zur Bannmeile, innerhalb derer keine Versammlungen stattfinden durften. Heutzutage ist er regelmäßig Austragungsort von Protestaktionen und Arena der Bremer Aufmüpfigkeit.

Four wheels bad, two wheels

Ich habe es an der Ecke der Wilhelm-Kaisen-Brücke eilig und gehe deshalb mit der Kettengangschaltung eine Etage höher. Auf dem rosarot gemalten Streifen steht plötzlich vor meinem Lenker eine Frau, etwa Ende 30, mit zwei Kindern und einem Falk-Faltplan. Kaum habe ich geklingelt und gebremst, schaue ich in große, erschrockene Augen. Da sie merkt, dass ich einen Helm trage und lächele – *Alles gut, willkommen in meiner Stadt* –, lächelt sie zurück und zieht die Kurzen nach hinten. Als ich vorbeiradele, dringt ein Satz an mein Ohr, den ich nur allzu gut kenne und im Sommer öfter höre: »Ja, hier sind viele Radfahrer«. Stimmt, wir Bremer werden von vielen Besuchern sowieso als Möchte-gern-Holländer betrachtet, denn unser Stadtbild wird wie in Amsterdam von Fahrrädern geprägt: groß und klein, bunt und schwarz, chic und verrostet; fahrend, klingelnd, angelehnt und manchmal gar zu Hunderten herumstehend.

Sie kommen aus allen Winkeln und auf beiden Straßenseiten. Manchmal telefonieren sie, manchmal schwätzen sie nur ganz friedlich und gemütlich, ohne ihre Umwelt wahrzunehmen – und am liebsten *nebeneinander*. Sie überholen gerne rechts und sind eine Bremer Spezialität, auf die jeder Tourist wirklich aufpassen muss. Damit ist nicht gemeint: *Pass auf, guck mal, rechts ist doch eine schöne Windmühle mitten in einem Blumenmeer in Bahnhofsnähe*, oder: *Pass auf, heute Abend spielt eine holländische Blues-Band im Meisenfrei*. Nein, aufpassen heißt hier: *Nimm dich in Acht*.

Sie kommen mit oder ohne Licht. Du begegnest ihnen in der Fußgängerzone und auf dem Bürgersteig, wo sie dich gelegentlich anklingeln. Sie sind jung, alt, weiblich, männlich, gut oder schlecht gelaunt, mit und ohne Helm. Unter den gefährlichsten sind junge Mütter mit einem nach links und rechts wackelnden Kind hinten auf dem Kindersitz, gleichfalls (meistens) mit oder (seltener) ohne Helm. Sie akzeptieren keine roten Ampeln, haben keine Ahnung von Kleinigkeiten der StVO wie zum Beispiel der

Rechts-vor-Links-Regelung. Das ist eine wunderbare, kostensparende Erfindung der Deutschen, die ich mir bei der hiesigen Fahrprüfung einprägen musste und die mich an jeder Kreuzung ohne Schild nach etlichen Jahrzehnten immer noch zwingt, zu überlegen: *Rechts ist, wo der Daumen …* Ich fand es immer amüsant, dass in einem Land mit einem solch ausgeprägten Schilderwald ausgerechnet in diesem Bereich an Schildern oder Ampeln gespart werden musste. Amüsant ebenfalls, dass es für diesen Begriff keine Übersetzung in einer mir bekannten Sprache gibt. Rechts vor links hat auch wenig zu tun mit dem schön gemütlichen nordamerikanischen *4-Way-Stop*, der dich dort drüben wie durch Magie zur Rücksicht zwingt. Vor einiger Zeit berichtete der Weser-Kurier, dass viele 17-Jährige, die seit einem Jahrzehnt Rad fahren, zum ersten Mal von ›rechts vor links‹ erfahren, wenn sie sich bei der Fahrschule anmelden. Aber ich schweife ab …

Die Rede ist von unseren Kampfradfahrern. Sicherlich gibt es sie in anderen Städten auch; hier stechen sie aber durch Quantität hervor. Sie haben es sogar geschafft, einen eigenständigen Eintrag (Kampfradler) bei Wikipedia Deutsch zu bekommen. Aber wir haben sie zur Welt gebracht und großgezogen, wir haben den Begriff erfunden, schon Jahre bevor, wie Wikipedia behauptet, das Wort durch »eine anonyme Plakataktion mit dem Slogan ›Kampf den Kampfradlern‹ im Sommer 2011 im Berliner Stadtteil Prenzlauer Berg« bekannt wurde. (Außerdem würde kein Bremer das Wort ›Radler‹ in den Mund nehmen, nicht mal als Getränk; das klingt zu sehr nach Franz Beckenbauer. Bei uns heißt es Alster – auch, wenn das eher nach Uwe Seeler klingt).

Auch hier beschäftigt die Helmfrage die örtlichen Medien. Wie es sich für eine richtige Fahrradstadt gehört, tragen in Bremen nur sehr wenige Helm. Von vierzig vorbeiradelnden Erwachsenden im Ostertor zählte ich unlängst einen einzigen. Selbst diese zufällig zustande gekommene ›Statistik‹ ist höher als in den Niederlanden, wo das Fahrradfahren Staatsreligion ist und so gut wie niemand Helm trägt – nicht mal die Schüler tun es. Ich bin durch Zufall zum Fahrradhelm gekommen und trage ihn nicht so sehr aus Überzeugung, sondern inzwischen eher aus Aberglauben. Denn wenn du angefangen hast, Helm zu tragen, weißt du ganz genau, dass, wenn du ihn das erste Mal *nicht* aufhast (»Ich hole mal schnell ein halbes Graubrot, bin gleich wieder da.«), du über den Lenker stürzest und lebenslang ein Pflegefall bist. (Abgesehen davon, dass ich in meinem Alter eher einen Oberschenkelhalshelm bräuchte).

Solltest du über starke Nerven verfügen, kannst du natürlich auch als Besucher bei uns Fahrrad fahren. Du kommst weiter herum, kannst mehr abklappern. Dazu reicht es, *fahrradverleih bremen* zu googeln. Aber: Die Lage für Radfahrer in Bremen ist sehr widersprüchlich. In der selbsternannten Fahrradstadt Bremen gibt es viele unzumutbare Fahrradwege und zu viele Ampeln, die autofreundlich ausgerichtet sind. Dann ist die Frage: Was ist überhaupt ein Fahrradweg, was nicht? Vorsicht: Entlang der unteren Seite des eindeutig als *Fußgängerzone* ausgewiesenen Marktplatzes (am Schütting vorbei in die Langenstraße) verläuft ein grün ausgeschilderter *Fernradweg*! Das Gegenargument der Großstadtentdecker, die lieber zu Fuß gehen, ist, dass man per Rad eine ganze Menge verpasst oder übersieht und natürlich weniger Anlass zum Gespräch mit Einheimischen hat – es sei denn, du fährst einen um.

Aber wenn du dich fürs Fahrrad entscheidest, siehst du mehr von der Weser, eroberst den Bürgerpark (Vorsicht! Hier wird streng gegen Radfahrer vorgegangen, die jenseits der Fahrradwege fahren), entdeckst den Stadtwald und die Universität und erlebst das schöne flache städtische Umland.

Pass aber bloß auf, wenn hinter dir zum Überholen geklingelt wird! Du musst nämlich nach hinten schauen, bevor du nach rechts rückst. Es könnte auch von da einer angebraust kommen. Und die Straßenbahn hat immer Vorfahrt.

»Zu deinem Dusein« | Literaturhauptstadt

Ein bisschen Istanbul, ein bisschen Madrid
ein bisschen spießig und ein bisschen verrückt.
Du bist ein bisschen wie, ich, Bremen.
Ich lache und ich weine mit dir;
bin zwar weggezogen, doch, mein Freund, bleibe bei dir.

(MontanaMax, ›*Diese Stadt*‹)

Literatur und Bremen – ein weites Feld. Literatur *aus* Bremen, Literatur *in* Bremen, Literatur *über* Bremen? Lübeck hat die Manns; München hat Karl Valentin (aber sonst, zwischen Morgenstern und Daniel Kehlmann, ist das eine magere Ausbeute). Köln hat Böll und Domin. Außer – im absoluten Notfall natürlich – Helmut Haller hat Augsburg nur Bert Brecht anzubieten. Und die Bundeshauptstädter? Die protzen mit Döblin am Alexanderplatz (er wurde aber in Stettin geboren), Fontane (Neuruppiner) oder Fallada (aus Greifswald). Aber wenn es um Autoren *aus* Berlin geht, kommt man über Günter Kunert, Erich Mühsam, Barbara Noack, Kurt Tucholsky oder Ingeborg Drewitz nicht sehr weit hinaus. Bremen kann da mehr bieten: aus, in und über; die Stadt ist viel erlesen und erschrieben worden.

Will man allerdings die Kategorien *Aus*, *In* und *Über* zugleich bedienen, ist der Bremer Zählappell nicht so mächtig besetzt. An vorderer Stelle steht unser produktivster und erfolgreichster Sachbuchautor Johann-Günther König – in Bremen geboren, in Bremen sesshaft und mit einer langen Liste von Bremensien-Titeln auf seinem Autoren-Konto. In seinem Standardwerk *Bremen im Spiegel der Literatur* (1991) setzt er seinen Schwerpunkt auf Literatur *über* die Stadt vom Mittelalter bis in die (damalige) Gegenwart: über *Till Eulenspiegel*, Friedrich Engels, Rilke, Benn und Erich Fried. Letzterer war seit seinem Sommernachtstraum 1963 im Bremer Theater und seinen regelmäßigen privaten und literarischen Besuchen hier so gut wie ein Sohn Bremens, der seine Liebe zur Stadt immer wieder zum Ausdruck brachte:

Rückfahrt nach Bremen

Spätherbst
der erste Schnee
die Nachtstraßen
eisglatt
aber zu dir hin

Dann im Morgengrauen
die Bahn
monoton
ermüdend
aber zu dir hin

Quer durch dein Land
und quer
durch mein Leben
aber zu dir hin

Zu deiner Stimme
zu deinem Dasein
zu deinem Dusein
zu dir hin

(aus: Erich Fried, *Es ist was es ist. Liebesgedichte Angstgedichte Zorngedichte*)

Und was schrieb Joachim Ringelnatz? »Hier gelt ich nix, und würde gern was gelten, denn diese Stadt ist echt, und echt ist selten. Reich ist die Stadt. Und schön ist ihre Haut.« (Bremen)

Diesen Ansatz hat König 2000 in *Bremen: Literarische Spaziergänge* eindrucksvoll variiert und aktualisiert – bis hin zum vollständigen, ins Deutsche übersetzten Text von Sujata Bhatts Gedicht Mozartstraße 18, das wir unten im Kapitel *Damenschneider Theodor Gruja | Mozartstraße* besser kennenlernen werden. Königs Metier ist der ›klassische‹ Kanon der Literatur über Bremen, über den auch Kirsten Steppat viel zu berichten weiß. Einmal im Monat (donnerstags, April–Oktober, außer während der Schulferien) macht sie einen echten *Literarischen Stadtspaziergang*, mit dem Titel »Bremen literarisch entdecken«, der von der Stadtbibliothek über den Marktplatz mit Roland und Ratskeller und die Böttcherstraße an die Weser führt. Mit fünf Euro bist du dabei, in einer intimen, interaktiven Gruppe. Wie König betont Steppat eher die historischen Bezüge; zwei Zeitgenossen, aus deren Werken sie vorliest, sind besagte Sujata Bhatt:

At the Flower Market

When we go to the flower market,
my daughter and I,
it's only to look around
not to buy.
[…]
Today I stop by the expensive hibiscus
and bougainvillea, imprisoned
in plastic pots they sit like laboratory specimens
because this is Bremen.
In Poona
our bougainvillea bush
had grown to the size of an elephant …

(aus: Sujata Bhatt, *Monkey Shadows*)

… und deren Ehemann Michael Augustin, auf den ich gleich noch zu sprechen kommen werde.

Ich möchte im Folgenden etwas über die lebendige und vielfältige Literatur in und aus der Stadt *heute* erzählen.

Bevor ich jedoch beginne, muss ich gestehen, dass ich als grünschnabeliger Newcomer bei der ersten Besichtigung der Böttcherstraße meine Bremer Gastgeber-Kollegen skeptisch fragte, warum dort ein Robinson-Crusoe-Haus stehen würde. Diese Frage aus dem Mund eines frisch in Belfast promovierten Literaturwissenschaftlers, der glaubte, seinen Daniel Defoe zu kennen! Nun, der aufschlussreiche *allererste Absatz* des *Robinson Crusoe* war mir offensichtlich entfallen. Beschämt las ich zu Hause nach, von Robinsons aus Bremen stammendem Vater. Trotzdem schüttelte ich den Kopf über so viel Lokalpatriotismus: Wie konnte man auf eine erfundene Romanfigur so stolz sein, die darüber hinaus im Buch keine Rolle spielte? Es war die zweite literaturhistorische Belehrung während dieses ersten Besuchs im touristischen Bremen. Denn ich hatte auch noch nie etwas von den Bremer Stadtmusikanten gehört. »Ach die sind das!«, platzte ich schließlich heraus. Die Erklärung war, dass meine englischsprachige Kinderbuchausgabe das Märchen unter dem Titel *The Town Musicians* führte, in der nur von *a great city* die Rede war. Keine Erwähnung meiner frisch gebackenen zweiten Heimat. Ich runzelte wieder die Stirn. Wie Robinson waren auch die Tiere fiktiv und nie in Bremen gewesen. Dass Robinson Crusoe von Ludwig Roselius als Symbol des Bremer Tatendrangs und Entdeckergeistes ausgesucht wurde, leuchtete mir dann jedoch ein. Meine Unzufriedenheit mit den tierischen Ikonen der Stadt wurde erst Jahrzehnte später besänftigt, als unsere Staatsrätin für Kultur einmal erklärte: »Das Markenzeichen unserer Stadt besteht ja aus vier Migranten. Die Bremer Stadtmusikanten sind zwar nie in Bremen angekommen, aber nur wegen Bremen sind sie aufgebrochen.« Damit kann ich gut leben.

Eine große Säule der Bremer Literaturszene ist Michael Augustin, ein großer, ja, *der* große Meister der Miniaturen in Lyrik und Prosa. Die meisten seiner Bücher kommen nicht über 11 x 17 cm hinaus. Augustin ist ein Tolopener (1953 im Mann'schen Lübeck geboren und übrigens ein großer Experte in Sachen Meister Thomas), der bei Radio Bremen gelandet ist. In seinen Sendungen hat er immer die Lyrik und die Kurzprosa gefeatured. Hier ein Happen seines Könnens:

Seebestattung

Eine Windbö
wirft den Kutter um.
Die ganze Trauergemeinde
ertrinkt.
Nur die Urne
schwimmt.

(aus: Michael Augustin, *Nur die Urne schwimmt*)

In und aus Bremen, hier geboren und hier lebend, ist Drehbuchautor und Romancier David Safier, mit über fünf Millionen verkaufter Bücher Bremens bestsellender Bestsellerautor. Er wohnt gerne in Bremen, und das nicht nur, weil er seit dem sechsten Lebensjahr Werder-Fan ist (sogar damals in Zweitligazeiten) und in der Nordgeraden des Weser-Stadions eine Dauerkarte hat. Nein, auch weil er hier in Ruhe arbeiten kann, ohne jeden Tag – wie es wahrscheinlich in Berlin der Fall wäre – mit Leuten aus der Film- und Verlagsbranche reden und, wie er sagt, in einer beruflichen Blase leben zu müssen. Erst nach dem ersten großen Bucherfolg hat er seinen Job als Journalist bei Radio Bremen aufgegeben, bei dem er übrigens zusammen mit seinem Freund, dem Bremer Arnd Zeigler »schräge« Fußball-Shows machte, aus denen Zeiglers *Wunderbare Welt des Fußballs* hervorging. Für Safier gilt *in und aus* Bremen, aber nicht *über*, denn keines seiner Bücher spielt in Bremen. Er schreibt nie über Bremen, erklärt er, damit kein Nachbar oder Kollege oder sonst wer sich einbilden könne, er oder sie habe sich im Buch wiedererkannt.

Sowohl vor als auch nach dem großen Crash von 2008 waren in Deutschland die Lehmann-Brüder besser bekannt als die Lehman Brothers. *Herr Lehmann*, Held des Erstling-Romans von Sven Regener, ist der ältere, mit Namen Manfred. Frank, *Der junge Bruder* (so der Titel des dritten Regener-Romans, 2008), findet wie Manfred den Weg nach Berlin, aber seine Geschichte entfaltet sich in der Bremer Geschichte – darunter beim berüchtigten Bundeswehrzapfenstreich 1980 am Weser-Stadion am Osterdeich. Und genau dort, am Osterdeich, fängt Regeners zweiter Roman *Neue Vahr Süd* an, wo unser Held Frank Lehmann in seinem Corsa vom Osterdeich in die Vahr fährt und über seinen Bruder Manni denkt, der Bremen schon Richtung Berlin verlassen hat.

Auch dem Sog der Hauptstadt verfallen ist die in Bremen geborene und groß gewordene Nora Bossong. Auch wenn sie für ihren Sachbuch-Bestseller *Rotlicht* in der ganzen Republik recherchierte, ging der Anstoß dafür von Bremen aus. Die Autorin erinnert sich an ihre Kindheit, wo sie samstags zusammen mit ihren Eltern auf dem Weg ins Übersee-Museum am Sexshop von Beate Uhse vorbeikam. So fing ihre Faszination mit diesem Gewerbe an.

Um eine weitere großartige Schriftstellerin aus der Hansestadt ist es in den letzten Jahren leider etwas stiller geworden. Malin Schwerdtfeger bekam 1999 das Autorenstipendium der Freien Hansestadt Bremen. Zwischen 2000 und 2008 hatte sie mit einem Erzählband, zwei Romanen und einem Kinderbuch großen Erfolg. In ihrem Roman *Café Saratoga* beschreibt sie genüsslich Bremer Gerüche wie die von Beck's, Jacobs und dem Freimarkt. Nur von Kellogg's käme keine Cornflakes-Geruch. Alles wunderbar und auch wiederholt lesbar, aber wir warten gespannt auf Neues.

Ein weiterer Hauptstadt-Exilant ist der lange in die Schublade ›Popliteratur‹ gesteckte Benjamin von Stuckrad-Barre, der Ende der 1990er Jahre mit einem inneren Monolog ins Herz seiner Generation stach. Auf die Frage, inwiefern eine Lesung in seinem Geburtsort Bremen etwas Besonderes sei, antwortete der Autor eindeutig, aber mit einem interessanten butenbremischen Vorbehalt:

> Heimspiel, natürlich. Das W auf dem Trikot, das ist ja ganz klar. Wobei ich da durch die vielen Umzüge in meinem Leben natürlich leicht angreifbar bin, weil ich das eben an vielen Orten irgendwie behaupten und begründen kann: Göttingen, Hamburg, Köln, Berlin, Zürich, ja sogar Frankfurt – alles Heimspiele. Aber Geburtsort gibt es natürlich nur einen, und das ist Bremen.
>
> (aus: Interview mit Hendrik Werner, *Weser-Kurier* v. 31.3.2016)

Die *Neue Züricher Zeitung* ernannte ihn zum »*Pop-Poetry Pionier*«; laut *Ruhr Zeitung* zählt er zu den innovativsten deutschen Lyrikern der jungen Generation. Die *Kieler Nachrichten* behaupteten, er sei eine Mischung aus Gangster Rapper und James Joyce, die *FAZ* vergleicht ihn mit Jandl und Ringelnatz: Bas Böttcher wurde 1997 bundesweit bekannt, als er Sieger der ersten deutschsprachigen Poetry-Slam-Meisterschaften wurde. Auch wenn er vor längerer Zeit auf den Zug nach Berlin aufgesprungen ist, bleibt er seiner Heimat treu. 2015 war er Netzresident des Virtuellen Literaturhauses Bremen, und seitdem betreut er regelmäßig Schüler bei dessen Projekt ›Schulhausroman‹. In seinem Gedicht ›Welt rund um einen Findorffer Jung‹ beschreibt er Bremen als Ort, »wo vom Dobben bis Schütting / rund um den Pudding / von Walle nach Huchting / jeder Punkt, jedes Ding / voll Kindheitserinnerungen steckt«. Dort heißt es weiter: »So ist vom südlichen Rand bis zum Hollerland / die Stadt für Überraschungen tolerant / ein Schlachthof für die Kultur bekannt …« Also: »Widme ich diese Worte und Hymne / dem Ort zwischen Airport und Wümme / wo die Luft nach Beck's und Kaffee schmeckt / und die Flagge nach Speck.«

Wie Bas Böttcher haben es auch sowohl die in den sozialen Medien so präsente Slammerin Julia Engelmann (*Eines Tages, Baby)* als auch drei Bremer Rapper zu bundesweiter Popularität gebracht: Shiml, der einen Heimatstadtteil mit Sven Regener teilt (»Ich wuchs auf im fünften Stock in einem Spätsechziger Plattenbau, Neue Vahr in Bremen Ost …«; ›Menschenfeind‹), MontanaMax (»Heimatstädte sind wie Mütter, die man lieben muss«; ›Diese Stadt‹); und JokA, wie Bas Böttcher ein Findorffer Junge (»Ich wuchs auf in einem angenehm bewohnbaren Bezirk in Bremen«; ›Ich wollte nie so sein wie ihr‹). Alle drei arbeiten akribisch und mit dem unanfechtbaren Selbstbewusstsein, das die Branche ausmacht. (»Rap in Bremen war lange tot, doch wir bringen ihn zurück / Ihr nennt es Album, wir nennen es zehn Singles am Stück«; MontanaMax & Shiml, ›Intro‹). JokA hat den örtlichen Gruß bundesweit bekannt gemacht: »Moin moin / Alle Hände hoch, wenn das geht / Moin moin / Hallo Deutschland, schön euch zu sehen«. Bei Shiml, der 2018 nach acht Jahren endlich wieder ein Album (*Agora*) herausbrachte, werden die Heimatstadt und das Stadtviertel am Häufigsten erwähnt: »Guck, meine Lunge ist ein Motor, der den Block antreibt / Gebor'n in Weser-Wasser und ernährt durch Rotz und Schweiß« (Titellied von *Agora*) etwa, »So sieht es aus hier in Bremen-Ost / Leben zwischen graugefärbten Blocks, Imbissen und Teleshops / Schwere Kost, leichtes Leben, Freundeskreis, seelenverwandt / Zwanzig Sprachen in der Klasse, jung und redegewandt (›Wenn sich der Wind dreht‹)«, oder: »Jahrgang '84, Bremen-Ost / Adelskrone Export, 500.000-Seelen-Dorf (›Chrom‹)«; Was sie auch vereint und mit Stuckrad-Barre verbindet, ist die Liebe zum Bremer Fußball. »(Gestern Nacht hab ich geträumt) dass ich endlich ins Stadion gehen kann / weil Werder Bremen wieder 'ne Macht is', / wir haben gar keine Gegner, am nächsten Samstag / gegen Bayern, Thomas Schaaf ist der Trainer / und es wird endlich wieder warm an der Weser.« (JokA, featuring MoTrip, ›Gestern Nacht‹). »Herz an der Weser, / Und genau wo sie den Bogen da macht / hab ich gezittert dass der SVW die Tore rein macht.« (MontanaMax, ›Diese Stadt‹)

Die Bremer Literatur hat zwischen Rudolf Alexander Schröder und Julia Engelmann wahrlich eine große Wegstrecke zurückgelegt.

Aber diejenigen, die in die Bestsellerlisten kommen, sind bloß die Spitze eines beachtlichen literarischen Eisbergs. Die Stadtbibliothek Bremen und das Bremer Literaturkontor veranstalten seit 1993 über

600 sogenannte Bremer Buchpremieren (Belletristik und Sachbuch), bei denen entweder ein Bremer Autor, ein Bremer Verlag und/oder ein Buch mit Bremen-Bezug vorgestellt wird. (Ausgenommen sind Eigenverlage, Zuschussverlage und BOD.) Das Virtuelle Literaturhaus Bremen verzeichnet in seiner Rubrik ›Literaturschaffende‹ | ›Aus Bremen‹ um die 130 veröffentlichte Autoren in der Hansestadt. Meine in Tübingen geborene Autorenkollegin Inge Buck schreibt zu recht:

> Ich lebe in Bremen schon fast die Hälfte meines Lebens. Nach Tübingen, München, Stuttgart, Wien und Köln bin ich in Bremen geblieben – und warum? Es ist die Literaturszene mit ihren vielfältigen Vernetzungen auf überschaubarem Raum. Von außen oder aus süddeutschem Blickwinkel mag die Bremer Literaturlandschaft so flach erscheinen, wie die norddeutsche Landschaft, so grau wie die Regendecke, die über Bremen hängt. Wer aber hier lebt und als Autorin oder Autor arbeitet, entdeckt die Lebendigkeit und Vielgestaltigkeit einer Literaturszene auf vielen Ebenen.
> (aus: *Weser-Kurier* v. 19. März 2018)

Bremen hat ein stark ausgeprägtes literarisches Leben. Neben den zahllosen Lesegruppen, Workshops, Buchhandlungen und Lesungen finden hier drei große internationale Festivals statt: die *Literarische Woche* gegen Ende Januar, mit der Verleihung des *Bremer Literaturpreises*; dann Ende Mai/Anfang Juni *Poetry on the Road* mit gewöhnlich bis zu 30 Dichtern aus plus-minus 20 Ländern; und im November *die globale* mit fast ebenso vielen Gästen, die zwar zum größten Teil in einem deutschsprachigen Land leben, aber keine Muttersprachler sind. Drei spannende Festivals mit messerscharfen Profilen.

P.S. In den letzten Jahren ist viel an der Wiederentdeckung eines großen Bremer Schriftstellers des 20. Jahrhunderts gearbeitet worden: Friedo Lampe. Zuerst haben Johann-Günther König und der inzwischen verstorbene Übersetzer und *man of letters* Jürgen Dierking die Friedo-Lampe-Gesellschaft gegründet; dann erschien 2017 unter der Herausgeberschaft des Bremer Kulturkritikers Hendrik Werner seine kleine Geschichtensammlung Das dunkle Boot. Im Folgenden eine Passage aus Friedo Lampes *Septembergewitter*: …

»Das sieht wohl nur von oben so aus.«

NACHMITTAGS SO GEGEN VIER UHR WAR der Ballon in der Nähe von Osnabrück in die Luft gestiegen – und nun glitt er sanft da oben durch den stillen blauen Raum, schöne weiße, runde Wolken glitten neben ihm her, und da unten lag unendlich weit gebreitet das grüne Wiesenland. Mr. Pencock hatte mit seinem Freunde Hamstead eine Wette gemacht, daß er den Mut habe, mit einem Ballon von Deutschland nach England zu segeln – nun stand er wahrhaftig in dem Hängekorb, und Mary, seine couragierte junge Tochter, und der Ballonführer standen neben ihm, und sie schauten alle in das Land hinunter. Mr. Pencock sah durch sein langes Fernglas und sagte: »Da unten liegt eine Stadt am Fluß«, und gab Mary das Glas. Und Mary sah die Stadt liegen: klein zwischen Wiesen am braunen Fluß, Brücken und den Hafen, die dicken dunkelgrünen Baummassen des alten Walls und das sanftgrünspanig leuchtende Kirchturmdach und das schwarze Schiff im Dock und den weißen Vergnügungsdampfer, der unter den Brücken durchfuhr, mit zurückgelegtem Schornstein, und in die Wiesen hinaus, und am Fluß den Kirchhof mit den winzigen Kreuzen und Grabsteinen – und Wiesen, Wiesen ringsherum mit kleinen Kanälen und Flüssen und darauf schwarze Kähne mit braunem Segel und alles so still und unbewegt im Nachmittagslicht. Kühl war es hier oben und klar, eine leichte Luft, und Mary sagte: »Wie friedlich liegt das da, wie muß man da idyllisch wohnen.« Aber Mr. Pencock sagte: »Das sieht wohl nur von oben so aus.«

Ja, es sah wohl nur von oben so aus. Denn da unten, da war es gar nicht kühl, sondern es war ein schwüler Spätsommernachmittag, windstill und schwelend.

(aus: Friedo Lampe, *Septembergewitter,* 1937)

Mittenmang und drum herum

Bummeln im Kern der Stadt

Wie die Bibel duftet, wie die Glocke singt

Touristen, die durch das Tor rechts vom Dom treten, tun dies meistens, weil sie sofort links in den vermeintlich gruseligen Bleikeller hinuntersteigen wollen. (Meines Erachtens kann dieser den Mumiengrüften in St Michan's Church in Dublin nicht das Wasser reichen.) Was sie dabei oft übersehen, ist eine der schönsten, ruhigsten Ecken der Innenstadt, gleich an der Südseite des Doms: der *Bibelgarten*. In der Bibel sollen 120 Pflanzen erwähnt sein; davon sind um die 60 in diesem Garten zu finden.

Dieser nachgemachte Klostergarten, der an »die Apotheke Gottes« erinnern soll, ist ein wichtiger Zwischenstopp für mich. Auf der Bank sitzend, kann ich tief ein- und ausatmen und vergessen, dass genau hinter mir der größte Straßenbahn- und Busknotenpunkt der Innenstadt samt McDonald's, Hauptpost, Straßenmusikern, Justizgebäude und dem Konzertsaal *Die Glocke* steht und tobt.

Die Statue in der Mitte des Gartens ist übrigens der Apostel Jakob, der Heilige der Pilger.

Apropos *Die Glocke*. Bremen verfügt über zwei hervorragende Orchester: die *Bremer Philharmoniker* und die *Deutsche Kammerphilharmonie Bremen*, letztere weltbekannt. Der 1928 nach einem Brand neuerbaute Konzertsaal (eigentlich viel zu schön und mir viel zu wichtig für ein solches ›apropos‹) ist ein Kernelement meines Bremen. Er hat trotz der altmodischen Schuhkartonform eine hervorragende Akustik. Allerdings wird man gelegentlich an den Alltag bzw. -abend draußen erinnert, wenn bei einer besonders ruhigen Musikpassage eine Straßenbahn gedämpft vorbeigrummelt. Gehört einfach dazu. Wenn irgend möglich, solltest du dort ein Konzert besuchen. Und in der Pause auf den Balkon an der Nordseite steigen; von da hast du nämlich abends den schönsten Blick, nicht nur nach unten auf den Bibelgarten, sondern auch nach oben auf die Domtürme.

Der Bremer Fritz | im Kaiser Friedrich

Von den Dutzenden von Synonymen, die mir der Duden für das urige deutsche Wort *urig* anbietet, passen eine ganze Menge zum *Gasthof zum Kaiser Friedrich*. Am besten gefallen mir: *echt*, *naturbelassen* und *unverfälscht*, vielleicht auch *altertümlich*, wobei *eigenwillig* und *schrullig* zu bestimmten Abendstunden die Sache ebenfalls treffen. Das Lokal befindet sich in der Gasse Lange Wieren 13; es steht quasi als Torwächter zum Schnoorviertel da und ist eines der ältesten Gasthäuser der Stadt – 1630 erbaut und damit viel älter als sein Namensgeber. Alle Bremen-Touristen kommen gezwungenermaßen am *Kaiser Friedrich* vorbei, doch nur wenige, so scheint mir, gehen tatsächlich hinein. Denn viele Besucher sind nur tagsüber in diesem Viertel, und meistens werden sie Opfer der Cafés und Restaurants im ›eigentlichen‹ Schnoor.

Oft übersehen oder ignorieren sie an der Ecke Dechanatstraße/Landherrnamt das hässliche Granit-Denkmal einer hässlichen Tat: das Mahnmal für die Opfer der Novemberpogrome von 1938. Hier in der Nähe stand eine 1876 eingeweihte Synagoge, die im Rahmen der Plünderungen und Ermordungen zerstört wurde. Die neue, 1961 eingeweihte Synagoge steht heute in der Schwachhauser Heerstraße. Die Juden hatten es immer schwer in Bremen; erst 1848 durften sie das Bürgerrecht erwerben, und entsprechend klein war die Gemeinde. In Hastedt lebten in den 1930er Jahren über 100 Juden, und der Jüdische Friedhof Bremen, der dort in einem kleinen Wald, hinter einem Gittertor in der Deichbruchstraße versteckt liegt, ist für Interessierte auf jeden Fall eine Fahrt wert (Tram 3 oder 10).

Joachim und ich treffen uns um 19 Uhr, mit einem Begehr im Sinn: *Knipp*. Das ist die Grützwurst, die die Bremer für sich reklamieren, obwohl sie eigentlich überall im norddeutschen Raum zu finden ist. Knipp: Man liebt es oder man hasst es. Aber um es zu hassen, muss man es probiert haben. Die norddeutsche Speisekarte im *Kaiser Friedrich* – ergänzt durch einen Mittagstisch, der bei Büro- und anderen Arbeitern gefragt ist – besteht aus Fisch, ›Kartoffeln mit …‹, lokalen Spezialitäten wie Bremer Labskaus (muss irgendwann wieder sein, denke ich) oder Bauernfrühstück, aber auch günstigen belegten Broten, Salaten und Desserts. Wir sitzen im Schankraum, rechts vom Eingang, weil dort mehr los ist. (Beim Rausgehen musst du auf der anderen Seite die Nischen und Stammtischräume anschauen. Dort wie überall im *Friedrich* sind die vorwiegend maritimen Bilder, aber auch politische Porträts einen Blick wert.) Also: Knipp muss es heute Abend sein. Dazu ein Bier für mich. Joachim bleibt heute beim Mineralwasser. Hier können wir uns ohne jegliches Gedudel im Hintergrund gut unterhalten; wir haben uns ewig nicht gesehen und viel nachzuholen. Die Klientel ist so urig bremisch wie die Kneipe und auch älteren Semesters. An fast jedem Tisch wird – je nach Geschlecht – entweder Skat oder Doppelkopf gespielt. Der Wirt wird laut mit Vornamen herbeigerufen, wenn man bestellen will. Aus dem hinteren Stammtischraum kommt eine Gruppe zum Bezahlen an den Tresen; auch sie rufen namentlich nach ihm. Gesichter der regierenden Partei, die ich aus der Zeitung kenne, nur etwas rötlicher als sonst.

Der Namensgeber des Lokals war Kaiser Friedrich III. von Preußen, der Hundert-Tage-Kaiser von 1888. Er war in Bremen sehr beliebt, weil er schon zu Kronprinzenzeiten als liberal galt, das heißt, er hatte viel Verständnis für die Anliegen des Bürgertums. Hanseatische Verschwörungstheoretiker glaubten, er wäre von dunklen Kräften am Hof wegen seiner demokratischen Vorstellungen umgebracht worden. Es ist aber ziemlich glaubhaft verbrieft, dass der Kettenraucher schon lange an Kehlkopfkrebs gelitten hatte. Sein Sohn wurde zu Wilhelm II. und war bekanntlich ganz anders als sein fortschrittlicher Vater. Kleine Fußnote: Hinter dem Hauptbahnhof, nicht weit vom antikolonialistischen Elefanten entfernt (➢ *Becks und hopp,* S. 35), steht ein Reiterdenkmal für den Heeresführer Friedrich III. (sogar oben ohne), 1905 von Bremer Bürgern gestiftet, die ihre Dankbarkeit nicht mehr persönlich zum Ausdruck bringen konnten. Sie hätten sich nicht darüber gefreut, wenn sie gewusst hätten, dass es in einer Straße steht, die jetzt nach einem kommunistischen Abgeordneten, dem Lehrer Hermann Böse, benannt ist.

Nun wird es lauter. Das Kartenspiel wird mit jedem Klatschen auf den Tisch ernster. Knipp und Bratkartoffeln haben so gut geschmeckt, dass ich kaum merke, dass ich dazu zwei Holsten getrunken habe. Das ist das große Hamburger Bier (inzwischen, wie Beck's, längst in die Klauen der großen Konzerne geraten, in diesem Fall Carlsberg), das in Bremen jahrelang als HSV-Stadionbräu galt. Überraschend unherb für ein norddeutsches Bier. Auch lecker – aber bitte nicht weitererzählen.

»Eine kleine Anhöhe in der Straße am Wall«

Kurz vor Mittag jenes heißen Sommermorgens vor knapp einem Jahr war das Polizeipräsidium in die Luft geflogen; Mosca, der in seinem Jeep in der Hochallee saß, spürte, wie die Erde bebte. Wenige Minuten später kam der Offizier, auf den er gewartet hatte, ein jüngst aus den Staaten angekommener junger Leutnant, aus dem Haus: sie fuhren zum Sitz der Militärregierung auf der Contrescarpe zurück. Jemand rief ihnen die Nachricht zu, und sie fuhren zum Polizeipräsidium weiter. Die Militärpolizei hatte das Gebiet bereits abgesperrt: ihre Jeeps und ihre weißen Helme blockierten alle Straßen, die zum Platz führten. Moscas Leutnant zeigte seinen Ausweis vor und sie durften passieren.

Das massive, dunkelgrüne Gebäude stand auf einer kleinen Anhöhe in der Straße am Wall. Es war groß und quadratisch und besaß einen Innenhof. der als Abstellplatz für Fahrzeuge diente. Immer noch strömten deutsche Beamte mit staubbedeckten Gesichtern und Kleidern aus dem Haupttor. Einige Frauen, die offenbar einen Schock erlitten hatten, weinten hysterisch. Die Polizei bemühte sich, eine Menschenmenge vom Gebäude fernzuhalten: das Haus selbst wirkte seltsam lautlos und unbewohnt. [...]

Der große Innenhof war jetzt ein Berg von Trümmern. Gleich den Masten versunkener Schiffe in seichtem Wasser ragten die Oberteile verschiedener Gefährte, Jeeps und Lastwagen hervor. Die Explosion hatte die Innenmauern bis zu einer Höhe von drei Stockwerken weggerissen, und nun boten sich die Schreibtische, Stühle und Wanduhren der einzelnen Büros nackt ihren Blicken dar.

Mosca hörte einen Ton, den er noch nie zuvor gehört hatte, der aber in den großen Städten des Kontinents zu etwas Alltäglichem geworden war. Einen Augenblick lang schien er von allen Seiten zu kommen, ein dumpfer, gleichbleibender, monotoner, tierischer Schrei, der nicht als menschlicher zu erkennen war. Als er dann doch feststellen konnte, wo der Schrei herkam, kletterte und kroch er über den Trümmerhaufen, bis er die rechte Seite des Platzes erreichte und den dicken, roten Hals sah, den der grüne Kragen einer deutschen Polizeiuniform umschloß.

(aus: Mario Puzo, *Die dunkle Arena* (engl. *The Dark Arena* 1947), übers. Hans E. Hausner 1981)

Drei Seufzerbrücken an einer Bibliothek

Heute Morgen sitze ich bei 22 Grad schreibend auf dem Boden im Schatten, mit dem Rücken an einen Düsseldorfer gelehnt, der Bremen liebte: Heinrich Heine. Seine bronzene Statue steht seit 2010 am Altenwall bei der Kunsthalle. Als sie aufgestellt wurde, glänzte sie magisch golden, auch ohne Sonnenschein. Nun ist sie schmuddelig braun und, na ja, bronzen. Was er mit den Armen macht und was er genau in der rechten Hand hält (einen Bleistiftspitzer etwa?) ist mir immer noch ein Rätsel. Ich bin aber froh und stolz, dass mein Held aus dem irischen Deutschunterricht hier steht. »Friedlich sieht er aus / doch so viel gestritten / und in all den Jahren / auch so viel gelitten.« (Klaus Hübotter)

Die große grüne Fläche, die das südliche Ende der Wallanlagen bildet und hinunter zur Weser führt, gehört zu meinen Spielplätzen. Am Wallende, gegenüber dem jetzigen Polizeirevier, steht die Statue des Bremer Astronomen Wilhelm Olbers und daneben eine schattige Bank, wo ich gern schreibe. Wenn ich zur Mittagszeit da bin, sitzen oder lagern gewöhnlich vor mir brotlunchende Bremer. Schräg gegenüber, zwischen Olbers und Heine, liegen zwei meiner Lieblingsziele: die Kunsthalle und die Stadtbibliothek.

Die Kunsthalle Bremen ist ein touristischer Selbstläufer. Neben den jeweiligen Sonderausstellungen enthält die ständige Sammlung alles, was man sich wünschen kann: von Dürer und Rubens über Manets Camille, Picassos Sylvette, Modersohn-Becker oder Franz Marc bis zu zeitgenössischer Videokunst und Computergrafik, oder Ton und Licht von John Cage. (Oskar Kokoschkas wunderschönes ›Der Marktplatz zu Bremen‹ befindet sich inzwischen als Dauerleihgabe der Kunsthalle im Büro des Präsidenten der Bürgerschaft. Schade; mein Lieblingsbild durfte *ich* nicht mit ins Büro nehmen).

Die örtliche Stadtbücherei ist an sich kein übliches Ziel für auswärtige Touristen, aber bei der Stadtbibliothek Bremen – unserer StaBi – lohnt es sich aus verschiedenen Gründen, und nicht nur wegen der im zweiten

Stock eindrucksvoll bestückten Sammlung von Reiseführern, bei deren Lektüre du eine ganze Menge Sohlengummi, geschweige denn Geld sparen kannst. Ich schreibe das auch für meine Bremer Leserschaft, denn viele Einheimische, vor allem diejenigen aus den sieben Wohngebieten mit Stadtteilbibliotheken (und es werden mehr), kennen die Zentralbibliothek auch (noch) nicht.

Die StaBi steht seit 2004 auf der ›kleinen Anhöhe am Wall‹, die Mario Puzo in seinem Roman erwähnt, also im ehemaligen Bremer Polizeihaus, keine 200 Meter südöstlich vom zentralen Bus- und Straßenbahnknotenpunkt Domsheide. Zuerst musst du durch den einladenden Eingangshof; allein seinetwegen lohnt sich der Besuch. Kaum zu glauben, dass dieser hohe, belebte, Licht durchflutete überdachte Hof genau der Schauplatz jenes Gemetzels vom Juni 1945 war, das der junge US-Offizier Mario Puzo – der spätere Autor von *The Godfather (Der Pate)* – erlebte und literarisch verarbeitete. *Die dunkle Arena*, sein erster Roman, enthält viel Nachkriegs-Bremen. Heute kann man hier in einem der drei, vier Bistros bzw. Restaurants sehr günstig zu Mittag essen, Tapas oder Suppe. Aber für den kleinen Kick empfiehlt es sich doch, in die Bibliothek zu gehen. Geh durch das verlockende Foyer, nur ein paar Treppen hoch, und du bist im luftigen Lesegarten, wo es im Automaten neben dem Riesenschachbrett Bremens beste heiße Schokolade für wenig Geld gibt (60 Cent).

Unsere StaBi hat sich seit dem Umzug einen Namen gemacht; in der neuen Heimat ist sie richtig aufgeblüht. Sie ist zu einer Drehscheibe der High-Tech ausgebaut worden, mit Free WiFi (ohne Passwort!), E-Books, elektronischer Ausleihe und Rückgabe, Music Centre, Buch-Premieren, ›Willkommen-Medienboxen‹ (um Flüchtlingen und anderen frisch Zugereisten zu helfen), Lernstudios, BilderBuchKino, Kinderbibliotheken mit Spielecken, Shared Reading, Skype Book Club, Kunstausleihe, Sommer-Lese-Club und SprachCafé. Puh! All dies bringt mehr Menschen in die StaBi als je zuvor; die integrative Leistung des Hauses ist immens, denn es ist nicht mehr nur ein Ort der Information, sondern auch und ganz besonders ein Ort der Begegnung.

Die protzige Burg aus beigefarbenen Sandsteinblöcken ist trotzdem ein Pol der Ruhe, ein Geschenk des Himmels für alle, die lesen, aber auch für diejenigen, die nur nachdenken, sich im Winter aufwärmen oder einfach andere Leute beobachten wollen. Und auch für Schreibende. Am liebsten sitze ich an einem Fensterplatz, wo ein Heizkörper ist. Hier ergattere ich einen Arbeitstisch mit Blick auf Sternemann Olbers, Rasenfläche und dicke hohe Bäume. Ganz still ist es hier nie, denn gemurmelt wird viel und gern. In der Nähe lernt ein Arabischsprechender – Flüchtling vielleicht? – mit jemandem Deutsch. Das erfahre ich aber erst, als ich auf dem Weg bin, um ein Buch ins Regal zurückzubringen: »Wie heißt denn das auf Arabisch?« Das Gemurmel hier ist sonst so leise, dass man nichts versteht.

Eine Brücke im dritten Stock verbindet die Bibliothek mit dem Haus Am Wall 199, also in die Richtung, wo das Polizeirevier Innenstadt und die polizeiliche Beratungsstelle sitzen. Hmm … Eine zweite Brücke, bei weitem die ältere, die ›eigentliche‹ Seufzerbrücke, beginnt oberhalb der Krimibibliothek auf Ebene 2 und erstreckt sich über die Buchtstraße ins Gebäude der Staatsanwaltschaft. Das ist fast wie die Ponte di Sospiri in Venedig, über die die Angeklagten ins Gericht gebracht wurden. Unsere Seufzerbrücke ist auch sehr schön und von der Ostertorstraße aus äußerst fotogen.

Und die dritte angekündigte Seufzerbrücke? Findest du in der Ostertorstaße; sie verbindet die Staatsanwaltschaft Bremen mit dem Amtsgericht. Da fahren die Straßenbahnen 2 und 3 unten durch. (Drei weitere kleine, übrigens auch sehr hübsche, deren genaue Zwecke mir unbekannt sind, sind im Innenhof der Staatsanwaltschaft zu sehen.)

Ich kenne die dunkle Geschichte dieses Gebäudekomplexes und habe mich immer gefragt, was in den Zimmern, wo jetzt nette Menschen CDs, Reisebücher oder Krimis katalogisieren, früher passiert ist. Am 6. März 1933 wurde das Polizeihaus nämlich von den Nationalsozialisten ›machtergriffen‹ bzw. besetzt, und aus der ›Politischen Polizei‹ von 1919 wurde bald die Geheime Staatspolizei. Wo war das berüchtigte Zimmer 450, erste Geschäftsstelle der Gestapo 1933, wo verhört und gefoltert wurde, bevor diese Teufelsorganisation nach nebenan ins Haus Am Wall 199 zog? Eventuell dort, wo die Verbindungsbrücke am Wall noch zu sehen ist? Wo arbeitete die Abteilung ›Zigeunerumsiedlung‹? Wo das

›Judendezernat‹, wo die ›Fremdenpolizei‹? Wie verfolgt man die Spur, die 1941 das Polizeibataillon 303 vom Wall in Bremen bis in die Ukraine führte, zum Massaker bei Babij Jar? Alle Akten wurden im Frühjahr 1945 verbrannt.

Du brauchst nicht mal die Augen zuzumachen, sondern nur die Ohren der Fantasie zu spitzen. Stell dich irgendwo in der StaBi mitten in den Raum und horche. Zunächst hörst du, was da ist. Hörst das Gemurmel, ein leises elektronisches Summen vielleicht, einen unaufmerksamen Benutzer, der laut etwas sagt, dann verstummt. Ab und zu eine flüsternde Tastatur. Irgendwann verwandeln sich die PC-Tastaturen in manuelle Schreibmaschinen, auf denen Listen von ›Asozialen‹, ›Landstreichern‹ oder Kommunisten klappernd getippt werden. Das Gemurmel wird lauter und geht in Schreie und gebellte Befehle über.

Aber genug: zurück in die Gegenwart, tief einatmen, den hilfreichen Menschen an der Information anlächeln, nach den Reiseführern fragen und an den Automaten im Lesegarten zurückgehen.

Gut Wetter prophezeit | die Musik der Straßen

§ 5 ÖffOrdnOG – Straßenmusik: *Straßenmusikanten müssen nach spätestens 30 Minuten ihren Darbietungsort wechseln. Der neue Darbietungsort muss so weit entfernt sein, dass eine Geräuschbelästigung am vorherigen Darbietungsort ausgeschlossen ist; in jedem Fall muss ein Abstand von mindestens 100 m eingehalten werden. Die Benutzung von Verstärkeranlagen ist nicht zulässig.*

Bremen ist nicht nur im Märchen als Musikantenstadt bekannt. Zwar mögen die vier tierischen Gesellen es nicht geschafft haben, ihr gemütliches Räuberhaus wieder zu verlassen – äh, aber wie konnten sie dort überleben, nachdem auf dem »reichlich gedeckten Tisch mit schönem Essen und Trinken« nur noch Mäusekrümmel übrig waren, die der alte Kater schließlich nicht mehr gegen die Nager verteidigen konnte? Lassen wir das. Wie dem auch sei, Bremen hat eine lange und reiche Tradition an Straßenmusikern.

Im Sommer sind unsere Straßenmusikanten so allgegenwärtig, dass es offensichtlich Beschwerden gegeben hat. So schrieb der Weser-Kurier 2011:

> *Straßenmusiker* nutzen das Gesetz aus. Straßenmusiker haben den Marktplatz in diesem Sommer fest im Griff. Eigentlich gibt es ein Gesetz, das die Dauerbeschallung in der City verhindern soll. Doch das ist quasi wirkungslos.
>
> (aus: *Weser-Kurier* v. 26. Juli 2011)

Bitter, dass das Sprachrohr ausgerechnet derjenigen Stadt, die seit fast zwei Jahrhunderten ein tierisches Quartett als Chor feiert und damit Geld verdient, den Begriff ›Dauerbeschallung‹ verwendet, was man eher mit Autobahnnähe oder Baustellen verbindet. Die Beschwerden kommen in der Regel natürlich weder von Touristen noch von bremischen

Passanten, sondern eher von Geschäftsleuten und Ladenbediensteten, die bei der Arbeit nach einer halben Stunde schottischen Dudelsacks nachgerade traumatisiert sind.

Die Regeln in Bremen sind von einem gewissen Laissez faire geprägt, beziehungsweise: es gibt keine, außer dem eingangs zitierten Paragrafen. In München müssen die Musiker von der Behörde eine Erlaubnis einholen, nach der sie einen festen Standort zugeteilt bekommen. Und: Es gibt regelrechte Castings, d.h. man muss bei einem Behördenmitarbeiter vorspielen oder einen Qualifikationsnachweis vorlegen. In Bremen wiederum – und das stört manchen kleingeistigen Einheimischen – geht der Künstler nach der vorgeschriebenen halben Stunde einfach weiter und macht Platz für einen Kollegen. Es gibt in der Tat eine Gemeinschaft der Straßenmusikanten und nicht, wie mancher Bürger es vermuten könnte, eine Rivalität oder gar, wie bei den Drogendealern, Ärger. Es wird nicht über Reviere gestritten, sondern diese werden in der Community geteilt.

Du findest Victor, der meistens fünf Stunden über den Arbeitstag verteilt auf seinem Akkordeon spielt, in den schönen Wallanlagen, einem Park, der einst städtische Festung war. Dort musiziert er an verschiedenen Plätzen um die Bischofsnadel herum. Victor kommt aus einem kleinen Dorf nahe Bukarest. Obwohl er spielt, als habe er ein Konservatorium besucht, besteht er darauf, alles von seinem Vater gelernt zu haben. Er erzählt, dass er nur mit viel Mühe Noten lesen kann und neue Melodien nach Gehör lernt und dabei YouTube bevorzugt. Wie Straßenmusiker überall stellt er fest, dass die Leute das hören wollen, was sie selber mögen. Deswegen hat er ein außerordentlich breites Repertoire von über fünfzig Stücken, das von Bach über Edith Piaf bis zur Volksmusik aus ganz Europa reicht. Am Erfolgreichsten ist die Piaf, meint er; die Leute behaupteten, die Stadtmitte fühle sich wie Paris an, wenn er spielt. Victor schätzt die beruhigende Wirkung des Dreivierteltaktes, denn Dreivierteltakt plus Akkordeon gleicht Paris im Frühling.

Victor und die anderen Straßenmusiker sind auch im Winter für uns da, wenn wir mit Regenschirm oder Kapuze vorbeihuschen, auf dem Weg zur Arbeit oder auf dem Nachhauseweg. Im Winter kann man Victor mit Handschuhen spielen sehen, eine Technik, die er sich in seiner neuen Bremer Heimat aneignen musste. Wenn es regnet, geht er manchmal in der Mittagspause nach Hause, um die Kleider zu wechseln. In Bremen kann man ja oft ›schlecht Wetter‹ prophezeien. So ist Victor zu einer festen Größe im Bremer Stadtbild geworden. Touristen fragt er oft, wo sie herkommen, damit er etwas aus deren bayerischer, ostfriesischer oder gar amerikanischer Heimat spielen kann. Den irischen Jig *The Irish Washerwoman* kann er übrigens bravourös.

Wenn ich unterwegs bin, ob in Bremen oder anderswo, halte ich immer bei den Straßenmusikern an, zumal, wenn sie wirklich gut sind. Nach jedem Lied klatsche ich; das Klatschen tut den Künstlern sichtlich gut. Noch besser – ob in Bremen oder woanders – sind zwei Euro. Und bei Victor kannst du eine CD kaufen. Nicht umsonst gilt er laut Bild-Zeitung als der coolste Straßenmusiker Bremens.

Ein windiger Blick | der Fall Julius B

Den besten Überblick über Bremen erhältst du, so sagen alle, bei einer Turmbesteigung des St. Petri-Doms. Gemeint ist der erst 1893 fertig gestellte Südturm. Der Blick ist wahrlich sehr eindrucksvoll, die Sache hat allerdings einen (bzw. mehrere) Haken: zum einen ist der Turm nicht immer geöffnet, zum zweiten kostet die Besteigung drei Euro (Kombiticket mit Bleikeller) und drittens sind dabei 265 Stufen zu überwinden.

Eine billige, wenngleich nur einen Bruchteil so hübsche Alternative bietet die Zentrale der Volkshochschule Bremen, die seit 2007 im Bamberger Haus, Faulenstraße 69 sitzt. Dieses Haus war einst ein großes Kaufhaus, 1907 gegründet und eines der modernsten Deutschlands – das erste außerhalb Berlins mit einer elektrischen Rolltreppe. Mit seinen neun Stockwerken war es auch Bremens erstes Hochhaus. Bei den Bremern, vor allem bei denen aus den westlichen Arbeitervierteln, für die es in den 1920er Jahren ein »Synonym für preiswerte Qualität« war (Rohdenburg), hatte es den Kosenamen ›Bambüddel‹.

Wenn du dort mit dem Fahrstuhl ganz nach oben fährst und anschließend über die Treppe nach unten gehst, bekommst du zweierlei: Zuerst hast du einen ausgezeichneten Blick über die Stadt, und beim Abstieg erfährst du die tragische Geschichte eines großen Bremers, der der Namensgeber des Hauses ist.

Aber zunächst der Blick. Hässlich ist es allemal dort oben, und meistens windig. Der Blick vom Aussichtsturm ist leider etwas getrübt durch ein hohes Sicherheitsgitter, das die Endzeitbremer vor sich selber schützen soll und an dem der Schriftzug des Hauses in Großbuchstaben weithin sichtbar prangt. Trotzdem siehst du in alle Richtungen über die ganze Stadt: im Westen weit über das Stahlwerk hinaus, im Nordosten sogar weiter als der Fallturm der Uni, und im Osten – bei Beanspruchung der Nackenmuskulatur – zwei der vier Flutlichtmasten des Weser-Stadions.

Jetzt aber Kapuze runter und zurück ins Treppenhaus, wo du von Ebene 9 bis Ebene 1 die Dokumentation »Julius Bamberger: Auf den Spuren eines wechselvollen Lebens« ansehen kannst, die das Schicksal eines fortschrittlichen Bremer Kaufmanns erzählt, dessen einziges Vergehen es war, Jude zu sein. Die zehn Etappen, beginnend auf Ebene 9 mit der Kindheit, heißen: Julius, Gründer, Vater, Visionär, Wohltäter, Kämpfer, Verfolgter, Flüchtling, Emigrant. Im Erdgeschoss wird dann die wechselhafte Geschichte des Hauses nachgezeichnet, die ein glückliches Ende genommen zu haben scheint.

Ich will hier nicht die Geschichte des visionären Bremer Kaufmanns mit einer sozialen Ader nacherzählen; das macht das VHS-Treppenhaus besser. Es genügt zu sagen, dass Julius Bamberger seine Rehabilitierung durch die Stadt leider nicht mehr erleben konnte. Nachdem er nach dem Krieg für sein großes Geschäft eine »Abfindung« erhalten hatte, starb er 1951 als kleiner Händler in LA. Seine kürzlich auch in LA mit 97 Jahren verstorbene Adoptivtochter Anneliese erklärte, sie würde nie wieder nach Deutschland zurückkehren: »Alle meine Verwandten sind geflohen.« Aber zur Einweihung des Hauses kamen ihre Töchter – in einem mutigen und großherzigen Akt der Versöhnung. Und bei einer Vorführung des Bamberger-Films von Eike Besuden 2015 im Kino City 46 erklärte Julius' kalifornische Urenkelin Jalena Liesel, dass sie auch die deutsche Staatsangehörigkeit besitze: *I'm also German.*

Wer kennt noch Steffensstadt?

Wenn du aus dem Hauptausgang des Hauses kommst, bist du auch schon im alten Stephaniviertel, das direkt an der Weser liegt und nach der Kirche des Heiligen Stephan benannt ist. Die Gegend war ursprünglich eine Dorfsiedlung *ante portas*, also vor dem Stadttor, die auf einem Dünenhügel stand und Steffensstadt hieß. Es blieb, nach dem Anschluss an Bremen im 13. Jahrhundert, »bis in die Neuzeit das volkreichste, aber zugleich auch ärmste Stadtviertel Bremens« (Schwarzwälder). Die lange Geschichte des Viertels fand 1944 aus den inzwischen bekannten Gründen ein trauriges Ende. Nach dem Krieg wurde beschlossen, dort eine ganz neue Wohnsiedlung mit Reihenhäusern und flachen Wohnblocks aus rotem Backstein zu bauen, die trotz der Lage in der Stadtmitte ungewöhnlich ruhig ist.

Es lohnt sich, über die Fußgängerampel am Bamberger Richtung Weser zu gehen, die Diepenau entlang, wo links die drei stolzen neuen Häuser von Radio Bremen stehen. Vor dem Haupttor ist eine Plastik zu sehen, die das Sofa des Radio Bremen-Stars Loriot samt Mops darstellt.

Eines meiner Lieblingshäuser und einer der schönsten Anachronismen Bremens ist das ›Architektenhaus‹ in der Straße Geeren 41-43 hinter Radio Bremen, Sitz der Architektenkammer Bremen. Es wurde 1625 erbaut und steht noch immer. Keine Risse. Kein poröser Beton. Also nicht wie die in den Siebzigern gebaute und inzwischen abgerissene, weil morbide Schule in der Nähe. Ach, schon wieder diese Architekten, die uns zwingen wollen, mit Quadraten aus Stahl und Beton zu leben, die aber selbst in den schönsten alten Bauten residieren.

Weiter unten am Wasser gibt es noch viel zu sehen, aber du kannst auch zuerst rechts in die Großenstraße biegen, wo du bald auf die Stephanikirche stößt. Sie ist eine bzw. *die* Kulturkirche Bremens, mit Veranstaltungen aller Art, ohne jedoch ihren Charakter als funktionierende Kirche verloren zu haben. Die Tür müsste offen sein. Nicht weit entfernt (d.h. da, wo die abgerissene Schule stand) ist eine ganz neue, baulich sehr gelungene Wohnsiedlung namens Stephanitor entstanden, die im hanseatischen Stil mit spitzen Giebeln erbaut wurde. Hier sind sowohl Luxuswohnungen als auch sozialer Wohnungsbau integriert. Spektakulär: Beim Bau wurden 2016 archäologische Schätze gefunden und gesichert, einschließlich einiger Stücke der Stadtmauer aus dem 16. Jahrhundert, die an der Flusspromenade noch zu sehen sind. Flussabwärts unter der Autobrücke (wo der Verkehr über die B6/B75 Richtung Oldenburg läuft oder – je nach Tageszeit – schlurft) ist noch ein altes Stück Geschichte zu finden.

Schattendasein | der Focke-Garten

Nach dem Ausbau der Bundesstraße 6 als Schnellstraße in den 1960er Jahren fristete der Focke-Garten – bedingt durch seine Lage zwischen Schnellstraße, Eisenbahnlinie und Weser – ein Schattendasein. Daher wurde er vom Gartenbauamt wenig gepflegt und verwilderte. (Wikipedia Deutsch, ›*Focke-Garten*‹)

Es ist einer jener Nachmittage im frühen August, die inzwischen bei uns die Regel sind: windig mit kurzfristigen Sonne- und Schauerperioden. Susanne und ich radeln bei Gegenwind los. Der Bremer Volksmund behauptet zwar, man habe beim Radfahren in der Stadt sowohl bei der Hin- als auch bei der Heimfahrt Gegenwind, aber der Unterschied zwischen stromab (nach Nordwesten: immer schlimm) und stromauf (nach Südosten: manchmal geringfügig besser) ist schon spürbar. Wir kommen paus- und rotbackig und mit wirren Haaren an und schließen die Räder zusammen.

Ich habe das, was man auf Englisch *a sense of place* nennt. Will heißen: Ich kann an einem historischen Ort – bei einer Ruine, auf einem Schlachtfeld, im Arbeitszimmer einer längst verstorbenen Schriftstellerin – sitzen, die Augen schließen und in die Vergangenheit eintauchen: Bilder, Geräusche, sogar Gerüche von damals im Kopfkino. Ich mache das gern und bin erstaunt, wenn die Leute mich für verrückt halten. Ein solcher Ort war für mich immer der Focke-Garten stromab hinter der Schlachte und dem Stephaniviertel, der in der Tat ein geschichtsträchtiger Ort ist. Ich will meinen *sense of place* mit meiner Begleiterin teilen.

Die Weserpromenade ist sehr belebt; es ist Freitag, und viele, die hier per Rad pendeln, verlassen früher ihren Arbeitsplatz. Ich habe öfter hier gesessen: Entweder schaue ich den Zügen nach, die Menschen, Autos und anderes Gut Richtung Oldenburg und weiter nach Westen hin- und zurückbefördern; oder ich schreibe. Manchmal starre ich nur über den Fluss und beobachte sehnsüchtig die Brauerei, die früher einfach Beck's hieß. Manchmal hängt der Hopfengeruch wie eine Wolldecke über dem Geschehen – oder dem Nichtgeschehen. Wenn Flut ist und kein Wind, genieße ich, an die Mauer zur Weserpromenade gelehnt, die unglaubliche Ruhe. Letzteres ist nicht im Sinne von Lautlosigkeit gemeint, denn die Frequenz des Zugverkehrs lässt das selten zu, sondern eher von Bewegungslosigkeit. Die Weser, obwohl 60 Kilometer vom Meer entfernt, ist den Gezeiten unterworfen. Bei ablaufendem Wasser fließt sie zielstrebig nach Bremerhaven und weiter ins Meer; bei auflaufendem Wasser hast du den Eindruck, die Weser fließe stromauf, von der Nordsee weg. Am schönsten ist es aber, wenn die Flut ihren Zenit erreicht hat und die Strömung sich auflöst. Dann schweigt die Weser wie ein riesiger, angeschwollener Dorfteich vor sich hin.

Ein paar Schritte zurück zur Weser und wir stehen an der Stelle, wo die heutige Bremer Stadtmitte anfängt, maritim zu werden. Schräg rechts wird Maritimes allerdings eher vorgetäuscht: am Anleger auf dem anderen Ufer – da, wo früher das Segelschulschiff *Deutschland* lag – liegt nun das rote Veranstaltungsschiff *De Liefde*. Es sieht zwar aus wie ein solches Trainingsschiff, ist aber kein richtiges Segelschiff. 1941 wurde *De Liefde* als Dieselholzfrachter gebaut und erst nach einer wechselhaften Geschichte (es trägt inzwischen den sechsten Namen in weniger als 80 Jahren) zwischen 1977 und 2002 wegen ihrer schönen Linienform zum Passagiersegelschiff umgebaut. Sieht aber echt maritim aus …

Links jedoch bietet sich einer der schönsten Postkartenblicke der Stadt: unter der Stephanibrücke hindurch, über die leicht tanzenden Kleinyachten und Motorboote an den Anlegestangen der Marina hinweg zur Bürgermeister-Smidt-Brücke. Mitten im Bild steht das Museum Weserburg, und davor die drei weißen Giebelzacken des Kunstwerks Outdoor Piece For Bremen von Sol Lewitt. Links und rechts des Museums und der Kunst sind zwei Symbole des alten und des neuen Bremen: einerseits die Martini-Kirche, andererseits das Verwaltungsgebäude von Beck's. Unter einem bunt gescheckten Himmel zeigt die Stadt ihr schönstes Gesicht.

Eigentlich müsste man die Archäologen hierher schicken, die neulich beim Umbuddeln für das neue Wohngebiet nebenan unter dem netten

Werbenamen ›Nah am Wasser gebaut‹ Reste der alten Stadtmauer ausgegraben haben. Denn dort, wo der Focke-Garten liegt, war das westliche Ende der Wallanlagen rechts der Weser. Was alles unter deinen Schuhsohlen verborgen liegen müsste: Töpfe, Schwerter, Knochen, Helme, Münzen, Kinderspielzeug und Geschirr …

Dann der Name. Mit ›Focke‹ verbindet man zweierlei. Für Bremer kommt als erste Assoziation das Focke-Museum, das Bremer Landesmuseum für Kunst und Kulturgeschichte in Schwachhausen, das diesen Familiennamen trägt. Für andere, darunter den nordirischen Jungen, der ich war, steht der Name für Flugzeugbau. Ich könnte nicht sagen, wie viele Focke-Wulf 190-Kampfflugzeuge ich zwischen meinem elften und dreizehnten Lebensjahr aus Plastikbausätzen gebaut habe. Aber das Museum und der Garten gehen nicht auf die Kappe des Flugzeugkonstrukteurs und Hubschrauberpioniers Henrich Focke (1890–1979), sondern weisen auf seinen Vater, den Juristen Johann Focke (1848–1922), der Senatssekretär und dann Syndicus des Bremer Senats war, also eine Art Staatsrat. Er setzte sich für Kunst und Kultur ein und machte sich einen Namen als großer Bremensien-Sammler. Seit 1875 war er nicht nur für Häfen, Eisenbahn und Standesamt politisch zuständig, sondern auch für die Armenpflege und das Armenhaus. So hatte er bestimmt ein wachsames Auge auf das große, 1698 erbaute Haus in der Großenstraße, das seit 1707 als Armenhaus, später als Waisenhaus und Altersheim fungierte. Als diese Institution 1912 in den östlichen Vorort Osterholz umgesiedelt wurde, konnte Focke mit seinem Einfluss im Senat erreichen, dass er das Gebäude als festen Standort für seine seit 1900 bestehende Sammlung bekam (1913). Anlässlich seines 70. Geburtstags wurde es dann in Focke-Museum für bremische Altertümer umbenannt. Die niedrigen Backsteinmauern, die die Gartenteile abgrenzen, sind die Grundrisse, die allerletzten Überbleibsel des Waisenhauses und des Museums. So kannst du weitgehend das Haus rekonstruieren.

Wikipedia hat unrecht: Nicht ein Ausbau der Bundesstraße in den 1960er Jahren hat den Inselcharakter des Ortes bestimmt. Schon 1936 bastelten die Stadtplaner (ja, dieselben, die die Mozartbrücke bauen wollten) an einer hafennahen Brücke, die dann im Juli 1939 als Adolf-Hitler-Brücke eingeweiht wurde. Um diese zu realisieren, mussten große Teile des alten Stephaniviertels dem Erdboden gleichgemacht werden. Den Rest – einschließlich des Museums und der Stephanikirche – erledigte am 18./19. August 1944 die Royal Air Force (1.054 Tote). Glücklicherweise wurde das Museum schon bei Kriegsausbruch geschlossen und die Sammlung in Sicherheit gebracht. In den fünfziger Jahren wurde das Museum am heutigen Standort an der Schwachhauser Heerstraße neu eröffnet.

Das alte Armenhaus stand direkt an der Weser, am Ende der inzwischen nicht mehr notwendigen mittelalterlichen Wallanlagen. Von den Räumen an der Vorderseite blickte man direkt auf den Fluss. Interessant und zugleich ironisch, dass Menschen heute bereit sind, am Martinianleger und vor allem in der Überseestadt für diese Aussicht viel Geld auszugeben.

In einer baumdunklen Ecke steht ein Fahrrad neben einer Statue. Erst als ich Pfeifengeruch wahrnehme, wird mir klar, dass die Statue der Besitzer des Fahrrades ist. Sonst sind wir allein – ideal für den *sense of place*, würde man denken. Aber doch nicht ganz; da unten an einer niedrigen Backsteinmauer sitzt eine traurige Gestalt im Kutschersitz mit zwei Bierdosen zwischen den Füßen. Könnte das hier ein Treffpunkt sein?

Nicht nur die Fahrradpendler verlassen heute früher den Arbeitsplatz; der Verkehr links von uns auf der B6-Brücke Richtung Delmenhorst und Oldenburg kriecht hupend und aufheulend aus der Stadt. Rechts über uns rattert ein leerer Autozug Richtung Sebaldsbrück zu Daimler. Schon sind für mich die Geräusche der Vergangenheit mit industriellem Geklapper und Gebrumme übertönt.

Bei Wikipedia wird besonders die äquatorparallele Sonnenuhr des örtlichen Bildhauers August Tölken (1892–1975) aus dem Jahr 1952 erwähnt; diese steht aber etwas unmotiviert am Rande eines Rasenstücks, und mangels Sonne hilft sie uns auch nicht weiter. Es sind nicht nur Wolken, sondern auch der inzwischen üppiger gewordene Baumbestand, die ihre Funktion sabotieren. (Nebenbei: In Bremen sind 125 Sonnenuhren zu finden, darunter zwei weitere von Tölken.)

Die traurige Gestalt hat uns bemerkt und macht einen schützenden Bogen um seine Bierdosen. Alles gut, Alter.

Wir entfernen uns von der Weser und dringen tiefer in den Garten ein. Da ist plötzlich ein offener Souterrain-Keller mit einer unterirdischen Tür. Was kann das wohl sein bzw. gewesen sein? Ein Rest des alten Armenhauses?

Wir gehen noch weiter nach Norden und aus dem Garten hinaus und sehen die Verbindung zur Stadt: ein Labyrinth, ein veritabler Spaghettiknoten von Straßen, Hochstraßen, Radweg und der Bahnlinie. Allerdings ist Grün dabei, das Doventor-Ende der Wallanlagen. An der Außenmauer zur Eisenbahnseite besteht die Botanik fast ausschließlich aus frauenshohen Brennnesseln. Ein Pfad – ein ehemaliger Fahrradweg? – endet in einem feuchten grünen Nichts. Wir schauen hinunter auf den eigentlich schönen kleinen Park, über die Schulter der traurigen Gestalt.

… zwischen Schnellstraße, Eisenbahnlinie und Weser ein Schattendasein …

»Gelsenkirchen«, sagt Susanne auf einmal.

»Wieso Gelsenkirchen?«

»Ja, stell dir mal vor, jemand aus, sagen wir mal, Gelsenkirchen kommt nach Bremen und besucht deinetwegen diesen Park. Nee, hier kannst du niemanden hinschicken«.

Hm. Ich runzele die Stirn. Also zurück, flussaufwärts Richtung Stadt, an Radio Bremen und der Jugendherberge vorbei, vielleicht zu einem Coffee Date in der Langenstraße.

Gut versteckt aber mitten drin | Rauchs CaféBar

Bremen ist die Kaffeestadt schlechthin! Hier wird immer noch die Hälfte des deutschen Kaffees geröstet. Die meisten Deutschen denken bei Bremen an Kaffee, so wie sie bei Lübeck an Marzipan denken.

(Ilse Münchhausen-Prüße, Geschäftsführerin der Kaffeerösterei Münchhausen, *taz Bremen*, 24. September 2010)

Auch wenn, wie du noch feststellen wirst, dieses Buch genug Kaffeestopps für einen mehrmonatigen Aufenthalt in Bremen anbietet, muss einem Café ein ganzes Kapitel gewidmet werden. Es ist nur zwei Minuten von der Haupteinkaufsidylle Obernstraße entfernt, aber so genial versteckt, dass es für Nicht-Eingeweihte schwer zu finden ist.

Du solltest *Rauchs Café-Bar* nicht über die hässliche Einkaufsmeile Obernstraße/Hutfilterstraße (➢*Der erste Blick?*, S. 22), sondern über die ruhige Langenstraße suchen. Diese beginnt, wie die Bremer wissen, am Marktplatz, zwischen Sparkasse und Schütting, windet sich am Touristenmagneten Stadtwaage vorbei nach Nordwesten, wo sie am Sitz der Bremer Tageszeitungen AG auf die Martinistraße trifft und diese schräg überquert. Die Langenstraße heißt so, weil sie im Mittelalter genau das war: die längste Straße. Nur wenige Leute – etwa die Büroarbeiter aus dem Brill-Bereich und sonstige Eingeweihte – wissen, quasi analog zu Gleis 9¾ bei Harry Potter, dass die Langenstraße noch weiter mäandert – und zwar über den Brill hinaus.

Die Kreuzung Am Brill ist ein stadtbekannter Unfallschwerpunkt; du solltest also auf keinen Fall waghalsig versuchen, ohne Ampel über die Bürgermeister-Smidt-Straße zu kommen. (Ja, der alte Bürgermeister Johann (1773–1857) hieß wirklich so und wurde nicht nur auf Bremisch so ausgesprochen). Zwar mag es verlockend sein, dass gegenüber der Langenstraße in der Straßenmitte eine Halteinsel liegt, die zur

Halbzeitpause einlädt, aber das tödliche Risiko ist dennoch hoch, nur wirst du dann eben nicht von einem Auto, sondern von einer Straßenbahn oder einem Bus eliminiert. Also doch rechts runter zur Kreuzung. Wenn du es bei Grün über vier Autospuren und sechs ÖPNV-Linien geschafft hast, geh kurz nach links Richtung Weser, schlüpfe dann rechts in den letzten Abschnitt der Langenstraße und suche *Rauchs* in Nr. 74 (nur bis 16 Uhr geöffnet). Die Treppe hoch, an der Bimmelklingel vorbei (Vorsicht: Kunde!) *et voilà*. Urig? Hmm, klingt zu nett. Nett? Ja, aber nicht im Sinne von *ganz nett*, sondern *sehr nett*. Originell? Schon wärmer. Gemütlich und ruhig? Ja. Preiswert und lecker? Auf jeden Fall. So, wie die Gastronomie am Überseehafen, lebt das Ehepaar Rauch tagsüber von den in der Nähe arbeitenden Menschen, die leckeres Mittagessen suchen oder Karstadt-nah Kaffee trinken wollen. Oft ist es auch der Ort für Unter-Vier-Augen-Arbeitsgespräche, nicht zuletzt, weil Radio Bremen nicht weit weg ist.

Das *Rauchs* bietet vier Kaffeebohnensorten in unzähligen Variationen an, alle von der lokalen Rösterei Münchhausen und an Ort und Stelle gemahlen. Diese Rösterei ist eine im engeren Sinn ›lokale‹, nämlich bloß hundert Meter entfernt, Am Geeren 24. Hier werden Führungen angeboten. Bei Rauchs bekommst du auch fünf Sorten Schwarztee und außerdem grünen Tee sowie fünf andere Infusionen in Bio-Qualität, Bremer Craft Beer, Wein, Säfte. Die Eheleute bieten alles auf, was man legal mit Brot machen darf, meistens selbstgebacken: Toast Hawaii, Dinkelfladenbrot, Brötchen, Baguette, Sandwich. Quiche. Frühstück von ›kleines‹ bis ›Full English‹. Am besten höre ich auf, sonst muss ich mit knurrendem Magen hinradeln. Geh lieber selbst hin und bimmle.

Tidenhub

An dem der Weser zugeneigten Ende der Böttcherstraße geht rechts eine tiefe Treppe hinab in einen Tunnel, der zum Fluss führt. Hier spielen oft Musiker, die übliche Kombination ist Klarinette und Akkordeon. Da gebe ich immer Geld, denn auch im Sommer pfeift hier der Wind durch und die Musikantenfinger müssen ständig gegen die kühle Luft anspielen.

Am Martinianleger wird dir, wenn du mehrmals beziehungsweise zu verschiedenen Tageszeiten dort warst, auffallen, dass das Weserwasser unterschiedlich hoch ist. Der Grund liegt auf der Hand: Bremen ist nicht nur eine Stadt am Fluss, sondern auch eine Küstenstadt. Obwohl 60 Kilometer zwischen uns und der Nordsee liegen, werden auf der Weser bis zum Neustädter Hafen mit seiner Tiefe von bis zu elf Metern jährlich über 80 Millionen Tonnen Seegüter umgeschlagen.

Inzwischen liegt der Tidenhub, also der Höhenunterschied zwischen Ebbe und Flut, bei 4,10 Metern. »›Ein absoluter Rekord in Deutschland, auf den man nicht stolz sein sollte‹, erklärt Deichhauptmann Michael Schirmer. ›Unsere Deiche sind keine reinen Flussdeiche mehr, sondern zu so was wie einer Küstenschutzanlage geworden.‹« (Weser-Kurier, 5.11.2012)

Vom Martinianleger aus kannst du links oder rechts spazieren. Stromab (also rechts) geht's an mehreren angeleinten Schiffen vorbei: Da ist das Pannekoekschip *Admiral Nelson*; unsere Alex, die *Alexander von Humboldt*; an der Schlachte liegen verschiedene Schiffe der Reederei Hal Över, die für den Fährbetrieb und die Hafenrundfahrten zuständig ist, sowie die ehemalige Hamburger Hafenfähre MS *Friedrich*; und unterhalb Radio Bremen der alte Raddampfer *Weser*, der am 6. Mai 1817 seine erste Fahrt von Vegesack nach Bremen unternahm. Weiter an der Jugendherberge und an Radio Bremen vorbei, dann kommt die Kulturkirche Stephani, der Focke-Garten, das GOP Varieté-Theater und irgendwann die Überseestadt – ja, und schließlich auch Bremen-Nord und Bremerhaven.

Bremer Stadtführer verwechseln die Weserpromenade häufig mit der Schlachte, aber sie geht in die andere Richtung, nämlich über den Martinianleger fast zwei Kilometer lang stromauf zum Stadion. An und unter der Großen Weserbrücke passierst du zunächst den Antik- & Trödelmarkt (aber nur samstags 8–14 Uhr, zwischen März und Dezember), dann das Theaterschiff *MS Rügen* und die hellgrüne *MS Treue*, ein Schiff aus Beton (ja, wirklich), sowie den Mast mit den Fahnen Dutzender Bremer Reedereien. Hier siehst du schon am anderen Ufer den ehemaligen Wasserturm, den die Bremer ›umgekehrte Kommode‹ nennen. Auf halbem Wege kommt dann die Sielwallfähre, mit der du zum Café Sand auf dem Stadtwerder übersetzen kannst, um Burgen am Badestrand zu bauen.

Ziemlich am Ende der Promenade kommen zwei Cafés, die *Weserterrassen* und das *Ambiente*, direkt dahinter rechts eine schöne Ecke um die Marina herum, wo du im *Bootshaus* gut speisen und Kaffee trinken kannst. Dann links der Deichschart, der kleine Tunnel Richtung Peterswerder (➢ *Oase, Schlachtplatz, Gastro-Paradies am Brommy,* S. 127 und *Rosen und Veranden | das Bremer Haus II,* S. 131). Rechts endlich das Stadion (➢ *Wo die Weser einen großen Bogen,* S. 124).

Dieser Spaziergang birgt zwei Gefahren. Die erste ist Hochwasser, denn die Promenade kann nach verschiedenen Kombinationen von Regen, Unwetter, Nordsee, Schneeschmelze und Mondbewegungen überflutet sein. Da dies langsam passiert und die Osterdeichwiesen breit sind, kannst du leicht ausweichen oder dich bis zum Deich retten. Eigentlich nur unangenehm, eventuell schlammig, aber keine Gefahr. Das kann man von den Radfahrern allerdings nicht behaupten. Der Weg ist klar als Fußgängerbereich mit dem Zusatz »Radfahren erlaubt« ausgewiesen, aber viele Zweiradler ignorieren dies oder kennen diese Verkehrsregel nicht bzw. *wollen* sie nicht kennen. Viele fahren viel zu schnell durch die Menge (kleine Kinder, Hunde, Omas) und besitzen auch noch die Dreistigkeit zu klingeln. Widerstehe der Versuchung, sie in die Weser zu schubsen, denn die kann kalt sein. Andere wiederum radeln schnell und vorsichtig und klingeln nicht. Das bin zum Beispiel ich mit dem weißen Helm.

Trunkenbolde, Bibelmänner, Volksschädlinge | die Ostertorwache

Das Ostertor ist das, was auf der Packung steht: die alte Grenze der Stadt Bremen nach Osten. Die Ostertorwache steht (gänzlich erhalten) seit 1823 links und rechts der Straße, von der Kunsthalle aus gesehen stadtauswärts. Selbst für viele Bremer mag ihre Adresse – Am Wall 208 bzw. 209 – verwirrend sein, denn man wähnt die Museen im Ostertorsteinweg. Die Straße Am Wall macht jedoch in der Tat einen linken Knick nach Osten um den schönen Park herum bis zur Wache. Danach kommt der kleine Goetheplatz und erst dann – an der Theaterkasse – der Ostertorsteinweg. Die Ostertorwache, 1828 als ›Detentionshaus‹, also Gefängnis umgebaut, lag und liegt mitten in einem bürgerlichen Wohnviertel. Nur die wenigsten Spaziergänger in den 1802 als Park konzipierten Wallanlagen wussten von den inhaftierten Menschen. Diese waren hauptsächlich Diebe, Prostituierte oder Betrunkene. Hier verbrachte die Giftmörderin Gesche Gottfried die letzten drei Jahre ihres Lebens, bis sie am 21. April 1831 zum Schafott am Domshof zur letzten öffentlichen Hinrichtung in Bremen gefahren wurde. Architektonisch gelten die beiden Wachhäuser als klassizistische Möchte-Gern-Schinkels.

Auf der Weserseite der Straße (stadtauswärts rechts) heißt die eine Hälfte Gerhard-Marcks-Haus, das eine eindrucksvolle Ausstellung zeitgenössischer Bildhauerei sowie anderer moderner Kunst beheimatet und für Kunstfreunde sehr empfehlenswert ist. (Der Berliner Marcks hatte eigentlich kaum Beziehungen zu Bremen, wählte aber selbst irgendwann diese alte Wache als künstlerische Nachlassstätte aus.) Das Haus direkt gegenüber ist nach dem Bremer Produktdesigner Wilhelm Wagenfeld benannt – Bauhauslampe, *form follows function*, WMF *et al.* Beide Künstler waren übrigens Nazi-Gegner bzw. -Opfer: Wagenfeld weigerte sich, der NSDAP beizutreten und wurde daraufhin in ein Strafbataillon an die Ostfront geschickt; die Nazis beschlagnahmten die meisten Werke von Marcks als ›entartete Kunst‹.

Wie sein Gegenüber ist das Design-Museum Wilhelm-Wagenfeld-Haus schon an sich einen Besuch wert. Darüber hinaus – und das ist mein Anliegen an dieser Stelle – lohnt es sich besonders, das Haus an einem ersten Samstag im Monat zwischen 11 und 16 Uhr zu besuchen, weil dann im rechten Flügel das Museum *Dokumentationsstätte Gefangenenhaus Ostertorwache* geöffnet ist, in dessen Keller (rechter Seiteneingang) fünf Zellen mit Häftlingsbiografien und anderen Dokumenten und Gegenständen zu sehen sind. Die linke Hälfte der Wache hat nämlich eine lange und grausige Geschichte als Gefängnis. Ab 1933 diente das Gebäude »der Gestapo zur Unterbringung Hunderter politisch verfolgter Männer und Frauen: Sozialdemokraten, Kommunisten, Bibelforscher, Juden, Holländer, Polen, Franzosen und Russen …«. Einer von diesen war der Kaufmann Julius Bamberger, der schon am 1. April 1933 wegen Spionage angeklagt wurde:

> Inspector Parchmann: »Anziehen Bamberger, Abschied nehmen von den Kindern, vielleicht sehen sie sich nicht wieder.« Man brachte mich in das kleine Gefaengnis am Ostertor, wo ich zunaechst einmal in Einzelhaft kam. Beim ersten ›Spaziergang‹ im kleinen Innenhof, Haende auf dem Ruecken, sah ich viele alte Freunde aus dem Sozialdemokratischen Lager, Reichsbanner, einige Juden, und sogar richtige Verbrecher und nette Trunkenbolde.
>
> (aus: Günther Rohdenburg, *Das war das neue Leben: Leben und Wirken des jüdischen Kaufhausbesitzers Julius Bamberger und seiner Familie*)

Hans Meier war erst zwanzig, als die Fragen kamen. Sie wollten natürlich Namen erfahren, und Daten. Erwischt wurde er, als er um 22 Uhr in der Bremer Atlas-Werft, wo er als Maler arbeitete, Flugblätter verteilte. Mein Freund Hans war Mitglied der inzwischen verbotenen und im Untergrund tätigen Jugendorganisation der KPD.

Geboren wurde er Anfang des Ersten Weltkriegs in der Hastedter Malerstraße, die damals aus jenen schmalen Reihenhäusern bestand, die typisch für die Bremer Arbeiterklasse waren. Heute ist nur die zerbombte und hässlich wiederhergestellte östliche Straßenseite zu sehen; die westliche Hälfte wurde in den autobesessenen technokratischen 1960er Jahren abgerissen, um eine große Umgehungsstraße zu bauen. Hastedt, das sich im 19. Jahrhundert von einem preußischen

Dorf zu einem Bremer Industriegebiet entwickelte, wurde auf diese Weise postindustriell zerhackt. Hans wurde als Kleinkind Halbwaise; sein Vater, ein Maurer, starb gegen Ende des Krieges im Lazarett. Über seinen kommunistischen Stiefvater, den Fabrikarbeiter und Binnenschiffer August Wittlake, den er als »Vorbild« bezeichnete, kam der Junge, der eine Malerlehre absolvierte, in den Kommunistischen Jugendverband, Gruppe Bremen-Hastedt.

Vom Silvesterabend 1934/35 erzählte er immer gern: als er zusammen mit seiner Freundin, seiner späteren Frau Dorchen, Arm in Arm durch die nächtlichen Straßen streifte und überall, wo es möglich war – die Menschen waren durch die Knallerei abgelenkt – Klebezettel mit »Nieder mit Hitler!« oder »Die Nazis bedeuten Krieg« an Laternenpfählen oder Schaufenstern anbrachte. Einmal wurde er geschnappt, dann aber laufen gelassen, weil sich unter den SS-Leuten ein ehemaliger Klassenkamerad befand. Beim zweiten Mal – s. oben – wurde er im Polizeihaus verhört und nur verwarnt. Im Oktober 1936 war es dann jedoch soweit; zwei Gestapo-Männer holten ihn vom Arbeitsplatz weg. Er wurde – inzwischen als ›Wiederholungstäter‹ erkannt – in eine winzige feuchtkalte Zelle in den Keller der Ostertorwache gesteckt, wo er zwei Monate ohne Kontakt zur Außenwelt verbringen musste: ›Verschärfte Einzelhaft‹ nannte man das. Er gehörte der Kategorie A – für Aktivisten – an. Aber auch andere Gefangenenkategorien gab es, zum Beispiel die Bibelforscher und andere christliche Sekten, wie die Zeugen Jehovahs, die wegen ihrer Verweigerungshaltung (u.a. gegen den Militärdienst, die Rassenlehre und den Hitlergruß) verfolgt, in KZs verschleppt und ermordet wurden. Einer von ihnen war der 1943 im KZ Sachsenhausen erschlagene Bahnarbeiter Karl Hahn, den sein Zellengenosse Hans Meier in seiner Geschichte ›Der Bibelmann‹ noch verewigen konnte. Da beschreibt er die gegenseitigen Bekehrungsversuche des »jungen Marxisten voller Überheblichkeit«, wie er sich selber nennt, und des überzeugten Christen, den er als »echten Helden« bezeichnet, der sich weigert, seinem Glauben abzuschwören.

Regelmäßig wurde Hans auch ins benachbarte Polizeihaus, Ecke Am Wall/Ostertorstraße – die heutige Stadtbibliothek – zum Verhör gebracht. Er war schlau genug, um dem, was die Gestapomänner sagten, zu entnehmen, wer inzwischen verhaftet war oder wer wen verraten hatte. Er hatte Glück, meinte er, dass er dort nie – bis auf eine einzige Ohrfeige – misshandelt wurde, im Gegensatz zu anderen KPD- oder SPD-Genossen, die vielleicht mehr wussten oder ›wichtiger‹ waren. Nach drei Jahren verlor die Gestapo das Interesse an diesem ›kleinen Fisch‹, und er wurde 1939 noch unter Polizeiaufsicht zur Wehrmacht nach Frankreich geschickt, und zwar, wie Wagenfeld, in ein Strafbataillon. Später kam er kurz an die Ostfront, wo er sich durch die Kälte und den Hunger erhebliche gesundheitliche Schäden zuzog. Für eine Sache in der Ostertorwache war Hans Meier allerdings sehr dankbar: für die umfangreiche Bibliothek. Schon früh vom Schwiegervater – der Verkörperung von Brechts »lesendem Arbeiter« – in die Arbeiterbibliothek Bremen-Hastedt geführt, las Hans als Kind sehr viel. Im Ostertor aber lernte er die Weltliteratur kennen: zu seinem Glück hatten die Nazis die Knast-Bibliothek nur »oberflächlich ›gesäubert‹ […] Nähere Bekanntschaft mit der ›großen‹ Literatur (hauptsächlich entscheidend für meine spätere Lust am Schreiben). Im Gefängnis gelesen: Dickens, Rolland, Thackeray, Storm, Huch, Hamsun, Fontane usw., aber auch Stifter, Raabe, Freytag, Rosegger, alles bunt durcheinander.« Irgendwann wuchs im besessenen Leser der Wunsch, auch zu schreiben. So begann Hans nach dem Krieg (inzwischen Maler im Dienst der US-Armee im Überseehafen) zunächst in der Freizeit, dann professionell zu schreiben – als Sportjournalist und als Redakteur der Bremer KPD-Zeitung *Tribüne der Demokratie*. Später erreichte er als Mitglied des Werkkreises Literatur der Arbeitswelt bundesweit einen gewissen Bekanntheitsgrad, und zwar als Autor von kurzen, prägnanten Geschichten über diesen negativen Abschnitt seines Lebens, die er in zwei Bänden (1976 bzw. 1990) herausbrachte. Er starb im November 2000. Ach, Hans, welche Ironie des Schicksals. Du hättest bestimmt deinen Spaß daran gehabt, dass die verruchte und von dir so gefürchtete Folterkammer jetzt die städtische Zentralbibliothek ist! Zwar sind deine beiden kleinen Sammlungen nicht mehr im Katalog, aber als alte Leseratte hättest du der guten (guten?!) Gesche Gottfried zeigen können, wo sie alles über sich nachlesen kann – bei den Bremensien im zweiten Stock.

Die Geschichte der Wache ging aber weiter. Zunächst wurden nach 1945 von den amerikanischen Besatzern Schwarzmarkthändler und Nazis verhaftet, dann wurde das Haus bis 1972 zum Übergangsgefängnis für illegale Einwanderer, die abgeschoben werden sollten. Die letzten, die längere Zeit dort gefangen gehalten wurden, waren marokkanische Gastarbeiter ohne Papiere, danach – bis 1996 (!) – wurden Abzuschiebende ›nur noch‹ über Stunden oder höchstens Tage inhaftiert.

Seit 1998 ist das Haus ein Museum, und in der heutigen *Dokumentationsstätte Gefangenenhaus Ostertorwache* erinnern zwei der Zellen nicht nur an Gesche Gottfried, sondern auch an Hans Meier, mit Foto und ausführlichem Text. Auch an die »Bibelleute« wird erinnert. Nur schade, dass die meisten Besucher des Wilhelm-Wagenfeld-Hauses, die die WMF-Salzstreuer bewundern, davon überhaupt nichts wissen.

Ostertor und die Östliche Vorstadt

»Das ›Viertel‹ ist nicht ein Vorort, sondern eine Lebensart.«
(Robert Lucius)

Ostertor und die Östliche Vorstadt bieten dem Bremen-Besucher, der gut zu Fuß ist, eine schöne, spannende Einsicht in den ›eigentlichen‹ Charakter Bremens, der das Stadtbild jenseits des Marktplatzes prägt. Euer Autor ist zwar ein selbsternannter ›Viertellini‹ (nach Jens Laloire), für den Niedersachsen schon östlich der Stader Straße und westlich Am Brill anfängt – das Motel One als Grenzposten –, aber er kennt und schätzt auch alle Ecken seiner Wahlheimat in ihrer bunten Unterschiedlichkeit. Trotzdem schickt ihm dann doch die Sielwall-Kreuzung immer wieder einen Willkommen-zu-Hause-Gruß.

Der Reihe nach | das Bremer Haus I

Parterre, Hochparterre, Souterrain. Das sind architektonische Schlagwörter, die hier bestens bekannt sind, und immer wieder die napoleonische ›Franzosenzeit‹ der Stadt in die Erinnerung der Bremer rufen.

Was ist denn nun ein ›Bremer Haus‹? Von ca. 1845 bis in die 1930er Jahre entstanden in den industriell expandierenden deutschen Großstädten – siehe Berlin oder Hamburg – für Bürgerfamilien Etagenwohnungen und für Arbeiterfamilien vornehmlich Mietskasernen. Nicht aber in Bremen, wo das Bauen von Mietskasernen sogar verboten war. Hier war, wie man es sonst aus dem industrialisierten Nordengland kennt, für alle gesellschaftlichen Schichten das Einfamilienhaus, das Reihenhaus, die Norm. Zu den Arbeitervierteln komme ich später; das ›klassische‹, das ›typische‹ Bremer Haus ordnet man der kaufmännischen Oberschicht oder der Mittelschicht zu. Bei diesen bedeutet Einfamilienhaus natürlich auch Personal, so dass das Souterrain und der Dachboden dieser Gruppe ›gehörten‹. Dass die meisten Küchen in diesen großen Häusern im Souterrain sind, ist kein Zufall. Das einzige Familienmitglied, das sich dort aufhielt, war die Hausfrau. Und für kein Familienmitglied wäre es zumutbar gewesen, die letzte schmale Treppe in die Dienstbotenunterkunft zu besteigen – heutzutage korrigieren allerdings Hunderte von Bremer Lehrerpaaren ihre Hefte dort.

Alles, was du über das Innenleben des Bremer Hauses wissen möchtest, aber nie zu fragen gewagt hast, erfährst du im Netz (➢*Links in Notizen & Quellen*, S. 193). Die Einzigartigkeit dieser Häuser kannst du (zumindest von außen) in mehreren Stadtteilen bewundern, denn sie wurden für alle sozialen Schichten gebaut, und zwar über eine längere Zeitspanne hinweg, so dass sie stilistisch vom Klassizismus über den Jugendstil hinaus reichen. Hier nur ein Hauptmerkmal, das du auf deinem Bummel beobachten kannst:

Wenn ich als Ire an *Victorian London*, *Regency Bath* oder *The Doors of Dublin* denke, fallen mir Einheit und Gleichheit ein: ganze Straßenzüge mit identischen Häusern, die sich nur – wenn überhaupt – durch die Türfarbe unterscheiden. Die Bremer Reihenhäuser aber unterscheiden sich recht deutlich voneinander, auch wenn ganze Straßen gleichzeitig in Auftrag gegeben und gebaut worden sind. Obwohl sie nach einem einheitlichen Grundschema gebaut wurden, weisen sie einen erheblichen Spielraum an Individualität auf. Dabei geht es um kleinere Details: unterschiedliche Breite, mit oder ohne Veranda, Giebel oder Türmchen, Erkerfenster oder nicht. So entstand statt Monotonie eine Art einheitliche Verschiedenheit.

Vor der Ausweitung Bremens nach Osten bestand der Kern der bürgerlichen Stadt in jenem Teil, den man Östliche Vorstadt nennt. In der Kohlhökerstraße (wo bis ins 19. Jahrhundert, d.h. bis zur noch erhaltenen Bebauung, die Gemüsebauern lebten, die ihre Waren in der Stadt ›verhökerten‹) ist ein Ensemble zu sehen, das klassisch-klassizistisch zu bezeichnen ist. Als Prachtstraßen der Gattung gilt das Quartier zwischen Am Dobben, Humboldt- und Bismarckstraße. Hier lohnt sich ein Spaziergang. Ausgehend von der Haltestelle Humboldtstraße der Linie 10 gehst du zuerst in die Mathildenstraße: hier gehören die Häuser zur ersten Generation – klassizistisch, verputzt, nur ein, zwei Wintergärten. In der parallel liegenden Besselstraße sieht es ähnlich aus, wobei die Häuser einen Tick weniger repräsentativ sind. Die lange Feldstraße zwischen Kepler- und Hartungstraße aber bietet etwas Abwechslungsreicheres: Während die alten Häuser auf der Südseite den Stil der verputzten in der Mathildenstraße widerspiegeln, sind die auf der Nordseite schon mit Backstein versehen, ein Zeichen dafür, dass sie aus der jüngeren Generation der zweiten Hälfte des 19. Jahrhunderts stammen. Beim Bummel in die kleine Hartungstraße stößt du auch auf kleinere, zweistöckige Altbremer Häuser. Gehst du (gezwungenermaßen) nach rechts, entdeckst du auch den niedlichen, fast dörflichen Halbkreis Am Bredekamp mit Rasen und Bäumchen. Lauf einfach kreuz und quer herum, entdecke die Schönhausenstraße (*nomen est omen*), und wenn du dieses Viertelchen ausgeschöpft hast, probiere es mal im Ostertor: Rutenstraße, Charlottenstraße, Wulwesstraße, Kohlhöker …

Nicht nur die Bauten erzählen ihre Geschichte, sondern auch der Straßenbelag. Wo früher alles mit Kopfsteinpflaster belegt war, herrscht heute ein Durcheinander unter den Füßen und Reifen. Mal siehst und spürst du altes, wackeliges Kopfsteinpflaster (Mathilden-), mal neues, festeres (Herder-, Besselstraße). Andere Straßen wiederum sind glatt asphaltiert (Humboldtstraße). In einem Straßenteilstück gibt es Pflaster, im nächsten Asphalt. Vor allem an Kreuzungen wirkt diese Mischung unruhig.

Der Grund für dieses bunte Durcheinander ist ein Glaubenskrieg im Viertel. Da sind einerseits die Traditionalisten, die auf Kopfsteinpflaster bestehen (historisch authentisch, gemütlich, nachhaltig) und Slogans entwerfen wie: »Wer asphaltiert, wird nicht gewählt!« Asphalt sei »herzlos, anonym«. Auf der anderen Seite stehen die Gegner des Pflasters (zu teuer, zu laut, vor allem behindertenfeindlich).

> Steffen Eilers (Grüne), der Sprecher des Beirates Östliche Vorstadt, zog dann auch eine Parallele zwischen der ›Star Wars‹-Saga und der ›Pflaster oder Asphalt‹-Problematik, die besonders im Viertel die Gemüter erhitzt: »Es geht hier nicht um den Kampf Gut gegen Böse oder darum, dass das Imperium zurückschlägt.« Launiger Kommentar aus dem Publikum, das sich am Dienstagabend bei der gemeinsamen Sitzung der Beiräte Mitte und Östliche Vorstadt zahlreich im Bürgerhaus Weserterrassen versammelt hatte: »Möge die Macht mit euch sein!«
>
> (Sigrid Schuer, *Weser-Kurier* v. 14.02.2018)

Der Glaubenskrieg spaltet die politischen Parteien, vor allem die Grünen, die einerseits für Verkehrssicherheit und Lärmschutz sind, andererseits aber auch für Basisdemokratie, was wiederum die Fraktion ›Pro-Pflaster und historische Konservierung‹ bedeutet. Er geht aber auch durch einzelne Köpfe, denn viele grün angehauchte Traditionalisten sind auch engagierte Radfahrer.

In der Horner Straße findest du eine immer häufiger zu beobachtende Variante: Die Mitte der Straße ist radfahrerfreundlich asphaltiert, die Parkbuchten rechts und links sind mit Kopfsteinpflaster belegt. So radelt der arthritische Opa, so steuert der Smart-Fahrer angenehm undurchgeschüttelt zum Einkaufen, aber der optische Eindruck bleibt weitgehend historisch. Das ist die Art von Kompromiss, der in Bremen immer wieder gefunden wird. Die Macht ist mit uns.

Damenschneider Theodor Gruja | Mozartstraße

Vor etlicher Zeit veröffentlichte der Weser-Kurier ein Feature über »Zehn bekannte Schriftsteller aus Bremen«, darunter eine Reihe von denen, die wir schon aus dem Kapitel: ›»Zu deinem Dusein« | Literaturhauptstadt‹ oben kennen. Aber die international bekannteste Autorin Bremens war nicht dabei; sie ist in Bremen nicht so bekannt. Obwohl ihre Gedichte in Großbritannien und Indien zur Schullektüre gehören und sie schon 1988 den Commonwealth Poetry Prize gewann, kann Sujata Bhatt – so wie damals der in Deutschland äußerst populäre Dichter Erich Fried in London – in den Supermarkt gehen, ohne als öffentliche Person wahrgenommen und angesprochen zu werden. In ihrem Gedicht Mozartstrasse 18, das 1991 um die Welt ging, schreibt die Bremer Lyrikerin über die Geschichte ihrer (damaligen) Wohnung im Bremer Ostertor und stellt Fragen über den Damenschneider, der in den dreißiger Jahren des letzten Jahrhunderts im selben lichtdurchströmten Haus mit großen Fenstern und hohen Decken gewohnt und gearbeitet hat.

> The perfect place for a tailor,
> I tell the landlady as we sit on the balcony
> trying to guess what happened to Theodor Gruja.
> Over coffee and cake she tells me
> about the thousands of needles
> she found all over the floors, pins and needles;
> about his Jewish wife
> sent away to America. *Thousands of needles*
> she repeats
> [...] Thousands of needles, and no toilets
>
> (aus: Sujata Bhatt, *Monkey Shadows*)

Wer war Theodor Gruja, was ist aus ihm geworden? War er Jude? Der Familienname stammt aus dem Balkan und ist keineswegs jüdisch, aber wir wissen, dass er seine jüdische Frau in die Vereinigten Staaten geschickt hat. Vor dem Haus ist kein Stolperstein in den Boden eingelassen, was bedeutet, dass aus diesem Haus wahrscheinlich und hoffentlich niemand im Holocaust ermordet wurde. Die Mozartstraße 18 steht noch als klassisches, unverändertes Bremer Haus, mit insgesamt fünf Etagen zwischen Souterrain und Dach. Sujata Bhatts Ehemann, der bereits erwähnte Lyriker, Miniaturist und Radioredakteur Michael Augustin (der übrigens in der Top-Ten-Liste ›bekannter Autoren‹ unserer Lokalzeitung rangiert) hat 2010 das Haus, in dem viele Dichter, darunter besagter Erich Fried, ein- und ausgegangen sind, in einem Artikel auch der deutschen Öffentlichkeit bekannt gemacht.

Zentral gelegen, knapp außerhalb der mittelalterlichen Stadttore, begann die Mozartstraße Mitte des 19. Jahrhunderts zu wachsen (laut Bhatts Gedicht wurde Nr. 18 im Jahre 1854 gebaut), als bei der Stadterweiterung gutsituierte Kaufleute mehr Lebensraum und Luxus für ihre Familien suchten. Trotz etlicher Neubauten sieht sie fast noch genauso aus wie in den Jahren ihrer Erbaung. Davor lag sie außerhalb der Stadt und bildete bis ins 18. Jahrhundert ein sumpfiges, unbewohnbares Gebiet. Ursprünglich war sie Teil des Geländes des Benediktiner-Klosters St. Pauli vor Bremen, das schon 1523 abgerissen wurde, weil laut Legende von dort aus zu leicht auf Bremen geschossen werden konnte. (Dass Bremen infolge der Reformation protestantisch geworden war, hatte sicherlich nichts damit zu tun.) Die Straße ist nach der alten Bremer Hausnummerierung geordnet, die man auch anderswo in den älteren Vierteln der Stadt findet. Es gibt kein Zickzack der Nummern von einer Straßenseite zur anderen, wie sonst üblich, vielmehr laufen die Nummern, wenn man am Ostertorsteinweg-Ende anfängt, links 1, 2, 3, 4 und so weiter bis zum Osterdeich und kommen als 27, 28, 29, 30, 31 zurück. *Check out* »Hufeisennummerierung«.

Mehr Demokratie gewagt | Straße statt Trasse

Es ist kaum vorstellbar, dass es ohne ein bewundernswertes Stück Bürgercourage Anfang der 1970er Jahre die Mozartstraße überhaupt nicht mehr geben würde. Willi Brandts Losung von 1969: »Wir wollen mehr Demokratie wagen« hallte in Bremen laut nach und rettete dieses alte, wunderschöne Viertel vor dem Abriss.

Schon aus dem Jahr 1930 sollen die ersten Visionen der Stadtplaner stammen, eine weitere Weserbrücke stromauf von der Stadtmitte mit einer breiten Mozartallee zu bauen – ein Irrsinn der Moderne. Aber es waren die Nazis, die 1937 die ersten ernsthaften Pläne austüftelten. Sie hatten eine Wahnvorstellung, die den Abriss der Straße (und vieler anderer) bedeutet hätte. Es sollte ein breiter, repräsentativer Boulevard mit Prachtbauten entstehen, der zu einer neuen Brücke über den Fluss und zum Buntentorviertel führen sollte. Auf dem Werder sollten dann Aufmarschplätze angelegt werden. Der Zweite Weltkrieg verhinderte das Projekt, aber das Wirtschaftswunder brachte die Pläne wieder ins Gespräch.

Das alte Viertel östlich des Ostertors, demografisch und architektonisch als ›Mischgebiet‹ bezeichnet, galt inzwischen als schmuddelig und unrenovierbar; die teilweise krumm geratenen Straßen waren viel zu eng für den Autoverkehr – der Straßenname Am Krummen Arm spricht Bände.

Das Ostertorviertel – weit weg von der Industrie am Fluss und keineswegs interessant für britische und US-amerikanische Bomber – überlebte den Zweiten Weltkrieg ziemlich intakt und wurde nach 1945 für kurze Zeit eine recht beliebte Wohngegend. Ärmere Menschen sind eine Zeitlang von der Stadt hierher umgesiedelt worden, woraufhin etliche alteingesessene bürgerliche Familien in die neuen, feineren Wohngegenden wie Schwachhausen und Oberneuland umzogen.

Zwar kamen die meisten dieser neuen Ostertor-Bewohner nicht in die repräsentativen Straßen wie die Mozart, aber durch die neue

Situation wurden diese Straßen für Leute aus der Mittelschicht, wie etwa junge Lehrer oder junge Anwälte, erschwinglich. Sie waren die Vorgänger der Studierenden und jungen Hochschullehrer, die sich dort nach der Gründung der Uni ansiedelten. Bevorzugtes Transportmittel dieser Neuankömmlinge war das Fahrrad.

In den Fünfzigern wurde weiter an Trassenideen gebastelt, und 1959 wurden die ersten Pläne zur ›Rodung‹ des Viertels vom Senat beschlossen. Währenddessen aber entstand in Bremens Regierungskreisen zwischen dem Trümmer-Abräumen und dem Wirtschaftswunder der Gedanke, eine moderne Stadt zu entwickeln, in der sich jeder mit seinem Auto ungehindert bewegen können sollte. Angespornt durch die Ideologie der Automobilität fertigten die Stadtplaner Entwürfe für eine Stadtautobahn an, für die Platz geschaffen werden musste. Die Nordtrasse, die Hochstraße Breitenweg, die vom Rembertikreisel am Rande des Ostertors nach Westen zieht und auf die Autobahn nach Bremerhaven führt, wurde schon 1968 gebaut und kann heutzutage noch ›bewundert‹ werden, wenn man aus dem Hauptbahnhof Richtung Stadt geht. Der zweite Abschnitt, die Osttangente, sollte als Autobahnzubringer vom Rembertikreisel über die Mozartstraße und den Osterdeich und weiter als Mozartbrücke über Weser, Werder und Werdersee führen. Es sollten 6.000 Wohneinheiten, in denen 13.000 Menschen wohnten, abgerissen werden. Anfang der Siebziger fing das Abreißen »ohne Samthandschuhe« an. Dabei wurden sogar Fehler gemacht: Eine Abrisstruppe hatte Hausnummern verwechselt und eine bedauernswerte Familie, die aus dem Urlaub zurückkam, fand ein Bauloch statt eines Heimes vor. Zu allem Überfluss sollten die alten Wohnungen im Sinne von »Urbanität durch Dichte« durch ein Wohnhochhausgebirge ersetzt werden.

Schon seit Längerem war es verboten, im Ostertorviertel irgendwelche Renovierungen vorzunehmen, so dass die Gegend vergammelte. Die Stadt kaufte viele Häuser zu Dumpingpreisen auf, drohte mit Enteignung. Viele Hausbesitzer kapitulierten, einige wenige aber blieben stur und fingen an, für den Erhalt des Viertels zu kämpfen; es formierte sich der Arbeitskreis Ostertorsanierung (AKO). Schwung kam in die Bewegung, als junge Mitglieder des zuständigen

SPD-Ortsverbands Wind davon bekamen. Zusammen mit den neuen jungen Bewohnern, zum Teil durch die Sechziger und die Studentenbewegung politisiert, bildete sich eine kohärente und hörbare Bürgerinitiative, die sich anfangs noch um Kompromisslösungen, dann aber doch um eine ersatzlose Verhinderung des Projekts bemühte. Letztendlich erfolgreich: Der Senat kapitulierte und die Trasse wurde nicht gebaut. Sie wäre zu teuer geworden, hieß die scheinheilige Ausrede der Initiatoren, mit der sie ihr Gesicht wahren wollten. Die Geschichte der Trasse ist gut und – auch online – leicht zugänglich dokumentiert, was eine tiefergehende Beschreibung hier unnötig macht.

Eine interessante Fußnote zur Geschichte ist, dass diese Kampagne gewissermaßen als Geburtsstunde der Grünen Partei in Bremen bezeichnet werden kann. Die Bremer Grüne Liste kandidierte 1979 erfolgreich für die Bremische Bürgerschaft und wurde somit die erste Grüne Fraktion in einem Landtag.

Die meisten Neubauten im Viertel sind übrigens nicht in Bombenlücken entstanden, sondern als Reste des Trassenplans zu verstehen, vor allem aus der Zeit, in der Restaurierung verboten war und vieles verkam. Als Konzession gegenüber den Baufirmen, die seit Jahren in den Startlöchern standen, um das Viertel dem Erdboden gleichzumachen und die Stadt der Autozukunft zu bauen, beschloss der Bremer Senat 1974, die Baulücken der schon abgerissenen Häuser an diese Gesellschaften zu verscherbeln, damit sie neue Wohnhäuser hochziehen konnten. Diese Häuser mögen vielleicht nicht touristenhübsch sein, aber sie sind in ihrer Vielfältigkeit von architektonischem Interesse: siehe zum Beispiel Paulskloster 5-8 oder Mozartstr. 11/12 und 25. (Über dieses Haus schrieb damals Sujata Bhatt: »the Ries family / who lived at Mozartstrasse 25, / Albert and Emma with their two children, / Günther and Cäcilie, left for the United States / on the thirteenth of December 1938. / Their house is no longer here.«)

Zwei Erinnerungen an die wilden Siebziger gibt es noch. Am Osterdeichende ist das Haus Nr. 5 zu sehen, das damals das Büro der Bürgerinitiative war. Und auf der anderen Seite, beim Ostertorsteinweg, gleich hinter dem Restaurant *Casa*, steht die Nr. 31, die in den Siebzigern besetzt wurde und lange so blieb.

In der verkehrsberuhigten Mozartstraße kann man getrost mitten auf der Fahrbahn stehen bleiben und innehalten. Mach das mal, nachdem du die Straße von beiden Enden her kennst. Am besten so in halber Höhe, vielleicht vor der anachronistischen Nr. 10 a aus dunklem Klinker. Wo kommt das denn her? Straight outta Ostfriesland? Mach die Augen zu und atme tief ein und aus. Stell dir dabei den Anblick, die Gerüche und Geräusche vor, die dich umgeben würden, hätte man die Mozarttrasse gebaut. Stell dir vor, wie du von einem Mega-Truck erst angehupt und dann platt gewälzt wirst. Und sei, wie wir Bremer, froh und dankbar.

Yuppies piss off, oder: Die Verschandelung der Veredelung

Den Haupttitel dieses Kapitels kann man an ein Garagentor gesprayt in der Ostertor'schen Bleicherstraße lesen, fast an der Kreuzung zur Mozartstraße. Die Garage befindet sich auf der Rückseite der Mozartstraße 15, an einer Stelle, an der im 19. Jahrhundert wahrscheinlich Stallungen waren. Ein buntes Wandbild am geschlossenen Tor zeigt ein offenes Garagentor mit einem schicken roten sportlichen Auto, das gerade herausfährt. Über dem Wagen steht der übliche Spruch: »Ein- und Ausfahrt freihalten«, eine – vielleicht bis auf das fehlende Bitte – nette Art und Weise, durch Kunst ein alltägliches Schild zu ersetzen. Jemandem war jedoch der Drang zur Botschaft wichtiger als der Schutz eines Kunstwerks.

Ein wahrer Revolutionär, soll Che Guevara gesagt haben, wird von großen Gefühlen der Liebe geleitet. Ja, ein bisschen Zorn dürfte auch dabei sein, und den Hass hat er nicht unbedingt ausgeschlossen. Aber Neid als politische Motivation? Auch wenn er nur im Unterbewusstsein herumlungert?

Die Verwandlung von Stadtteilen ist ein sehr alter, stetiger und komplexer Prozess, der – jedenfalls der Forschung nach – weitgehend ungeklärt bleibt.

Gentrification? Vielleicht, wie Experte Andrej Holm meint, eine »inflationäre Metapher«? Ostertor ist weder Saint Katherine's Dock in London noch das New Yorker SoHo. Im Ostertor gibt es keine exorbitant teuren Loftwohnungen, die auf heruntergekommenen industriellen Geländen entstanden sind, und keine Viertürer-Porsche. Eher sind die Bremer Häuser – so wie die Nr. 18 im vorigen Kapitel – in helle Etagenwohnungen aufgeteilt, oder sie sind für bescheiden wohlhabende Hausgemeinschaften geeignet.

Wer hat den Veredelungsprozess des Ostertors ausgelöst? Wer waren die Pioniere, wer die ersten Invasoren? Die Stadt Bremen etwa, mit ihrem Autowahnsinn, der das Viertel zum Verderben verurteilen sollte? Die (im doppelten Sinne des Wortes) alten Bewohner, die sich gegen das Brachlegen ihrer Heimat wehrten? Die ökologisch angehauchten Intellektuellen, die den Widerstand gegen die Trasse steuerten? Die weniger bemittelten Studenten, die ihre Platten- und Teeläden mitbrachten und die Kneipen mit ihrer Subkultur neu gestalteten? Oder diese Subkultur selber, die sich vom Studieren ablöste und ihre schmuddelige, düstere Gemütlichkeit verbreitete?

Was die sprayenden Gegner der Gentrifizierung verdrängen, ist die Tatsache, dass sie bzw. ihre Vorgänger zu den Mitinitiatoren der sogenannten Gentrifizierung gehören. Die Sprayer-Kultur war ein früher Schritt in diese Richtung. Die Kids, die sie pflegten, waren überwiegend Sprösslinge der Mittelschicht – Lehrer-, Ärzte- oder Anwaltskinder, die aus zu respektierenden Gründen das Verbraucherethos, aber auch die Selbstzufriedenheit ihrer vielleicht einst linken Eltern ablehnten.

Dem Spray-Aktivisten, der *Yuppies piss off* ans Garagentor gesprüht hat, fehlte eine ganze Menge Geschichtsbewusstsein, denn dieses Gebiet war bis 1945 wirklich das Territorium der ***old urban** professionals*, also derjenigen Bremer, die es sich noch leisten konnten, am Osterdeich zu leben. Das waren Familien von Fabrikbesitzern, Senatoren und natürlich Kaufleuten, darunter Namen, die regional und bundesweit noch nachklingen: Focke (ehemals Focke-Wulf, jetzt Airbus), Plump (Bremens ältestes Bankhaus); Jacobs (Kaffee und Tee) oder Brinkmann (Tabak) sowie die Verleger Schünemann und Rowohlt. Letzterer war übrigens Stammkunde in den Buchhandlungen Franz Leuwer am Wall und Storm, wo er gern anschreiben ließ. Die Theatergaragen und die Wohnungen, die in diesem Zuge entstanden waren, ersetzten die großbürgerlichen Villen Osterdeich 1 bis 3, die nach 1945 abgerissen werden mussten, da sie von der Substanz her nicht mehr zu retten waren. In Osterdeich 3 wohnte bis zu seinem Tod 1943 Ludwig Roselius, dem Touristen als Sponsor der Böttcherstraße, Gründer der Kaffee HAG und somit Erfinder des entkoffeinierten Kaffees gut bekannt.

Der Spaziergang durch die Gegend soll klarmachen, warum eine solche architektonische Umgebung so attraktiv ist, dass Menschen, die es sich leisten können, bereit sind, viel Geld auszugeben, um hier zu wohnen.

Du kannst an der Kreuzung rechts in die Bleicherstraße biegen und am Graffiti vorbeilaufen. So kommst du schnell in den Mainstream der Kulturmeile: rechts hast du elegante Town-Houses, links die Theatergarage mit dem Wohnungsüberbau, wo du die Mühe der Architekten regelrecht spüren kannst, den Charakter der alten Gebäude nicht zuzuschütten. Am Ende der Straße rechts ist der Hinter- bzw. Bühneneingang des Theaters, danach ein Restaurant mit Sommergarten. Bevor du auf den Goetheplatz kommst, siehst du rechterhand die Villa Ichon, von besagtem Architekten liebevoll restauriert und Heimat vieler Organisationen, darunter die Bremer Volksbühne, Amnesty International, das Bremer Friedensforum und das Bremer Literaturkontor.

Wenn du aber an der Kreuzung Mozartstraße *links* in die Bleicherstraße gehst, bekommst du ein anderes Bild des Mozartviertels. (Wie? Das hätte ich früher sagen können ...?)

An der Bleicher links

Es gibt zwei verschiedenartige Ostertorviertel, die seit 150 Jahren nebeneinander existieren. Einerseits die bürgerlichen Reihenhäuser, wie man sie in der Mozartstraße, aber auch auf der anderen Seite des Ostertorsteinwegs findet; die repräsentativen Reihenhäuser der reichen Bremer Kaufleute wie etwa in der Contrescarpe gegenüber dem Theater am Goetheplatz; oder die urbanen Straßen mit Etagenwohnungen wie die Kohlhökerstraße.

Andererseits haben wir die engen und/oder verwinkelten Gassen westlich vom Sielwall, die eher Handwerker-Charakter besitzen. Das heißt, hier wohnten und arbeiteten Handwerkerfamilien. Ein Merkmal dieser Wohnviertel ist der Innenhof, manchmal mit ehemaligen Kutscheneinfahrten (s. beispielsweise die Kreuzstraße). Dass diese Innenhöfe inzwischen Galerien oder gastronomische Atrien beherbergen, hat nichts mit Verdrängung, sondern eher mit der Umstrukturierung des Handwerksbetriebs zu tun. Wo Handwerk im engeren Sinne in den Innenhöfen geblieben ist, sind – neben den familienbetriebenen Klempnereien usw. – eher Fahrradwerkstätten oder Geigenbauer für die neue Klientel zu finden.

Dieses Mal von der Mozartstraße *links* einbiegend, entdeckst du eine unerwartete Gemütlichkeit. Auf der rechten Seite, hinter dem interessanten Eckhaus (eine ehemalige Stallung?) kommt erst Grün, dann eine intakt aussehende Häuserfront, die bis zur nächsten Kreuzung reicht, während gegenüber eine mehrheitlich neugebaute und gelungene Mélange steht. Geh am verkehrsberuhigten Platz an der Kreuzung Bleicher-, St.-Pauli- und Deichstraße, wo eine beeindruckende Street-Art-Mauer zu sehen ist, scharf links in die Gasse Beim Paulskloster. Da ist ein Stück liebevolle Restauration zu bewundern. Trotz der vielen Neubauten ist hier der alte Charakter des Ostertorviertels erhalten geblieben – es herrscht fast Dorfatmosphäre. Überall Bäume. *Das* ist es – nicht nur die bürgerlichen *Town-Houses* –, was die Bürgerinitiative gegen die Trasse verteidigte. Hier wohnten 1972 zum größten Teil ältere Menschen. Am Platz an der Ecke zur Köpkenstraße war das Epizentrum des Widerstands. Wo jetzt der Bauernladen steht, war damals das Büro der Ortsgruppe der SPD.

Geh weiter geradeaus, und schon bist du wieder in der Mozartstraße. (Alles wiederholt sich, vielleicht sogar noch schöner, in der St. Pauli-Straße, der Poststraße und der Köpkenstraße – eine Gegend für nimmersatte Flaneure).

Aber die Geschichte der St.-Pauli-Gegend ist viel älter und spannender als nur der Trassenkampf …

Die drei Bs | Bier, Bremen und ein Apostroph

Der Name des Benediktiner-Klosters St. Pauli vor Bremen lebt noch: erstens, im Name der Straße Beim Paulskloster, nicht mehr ›vor Bremen‹ sondern mittendrin; zweitens im Namen der sehr zu empfehlenden Kneipe gleichen Namens (*Beim Pauskloster* 31, an der Ecke Mittelstraße), die die älteste im Viertel ist und ohne Hintergrund-Musik und Fernseher auskommt. Da erzählt abends der Wirt und Theaterfreund Wolfgang (Vorsicht: samstags Ruhetag!) viel aus der Geschichte seines Hauses, wo die Großen des deutschen Theaters (Zadek, Hübner, Kresnik, Pierwoß) ein- und ausgingen. Der Name lebt aber auch noch – drittens – in einem in Bremen gebrauten US-amerikanischen Bier weiter. Laut Wikipedia ist das St. Pauli Girl von Becks »das zweitmeistverkaufte deutsche Bier in den Vereinigten Staaten«. Das Etikett trägt das Abbild eines Dirndl-Mädels, was für Norddeutsche etwas verwirrend wirkt, aber offensichtlich den Vorstellungen dortiger Konsumenten einer jungen deutschen Frau entspricht.

Der Name des Lagerbiers hat nichts mit dem Vergnügungsviertel unserer großen hanseatischen Schwesterstadt zu tun, sondern mit der St. Pauli Brauerei, die Mitte des 19. Jahrhunderts an der Bleicherstraße erbaut wurde (wo eine viel ältere Brauerei, die Rungesche aus dem 17. Jahrhundert, gestanden hatte) und eine Zeitlang die wichtigste in der Stadt war. Schon 1882 wurde auf der anderen Weserseite ein zweites Haus gebaut und eine Straße in St.-Pauli-Deich (den du auf deinem Neustadt-Spaziergang kennengelernt hast) umbenannt. Als C.H. Haake 1918 die Beck-Brauerei kaufte, verließ die Firma die Ostertorsche Brauerei und verlegte die Produktion gänzlich in die Neustadt. Die alte Brauerei sollte Anfang der 1970er abgerissen werden (Mozarttrasse!), aber der Plan scheiterte und das Gebäude wurde 1977 vom Theater Bremen übernommen, das genau daneben stand. Dort, an dem der Bleicherstraße zugewandten Ende des Theatergeländes, ist nun das Jugendtheater Moks zu Hause. Ab 1918 war Becks nun Besitzer des Markennamens und betrieb die Marke international. Das alte St.-Pauli-Girl war ein Lagerbier, und das gegenwärtige Produkt wird als Lager für den US-amerikanischen Markt verkauft, obwohl es gelegentlich als *Pilsner style* bezeichnet wird. Viele Bierliebhaber sind davon überzeugt, dass Beck's, Beck's Gold und St.-Pauli-Girl das gleiche Bier ist; andere bestreiten das seit Jahren im Netz. Wer es genau wissen will, muss an Herrn Anheuser oder Herrn Busch schreiben. Den Autor interessiert das alles nicht unbedingt, denn er trinkt eine ganz andere lokale bzw. regionale Biersorte des großen Konzerns: Haake-Beck Pils. Damit bin ich zum echten Bremer geworden.

Cord Hinrich Haake (1801–1845) war nicht nur der Vorläufer von Heinrich Beck, sondern einst und lange der größte Brauer Bremens. Er gründete seine C.H. Haake Brauerei im Jahr 1826 und galt als bahnbrechender Erneuerer. So hat er zum Beispiel 1838 den ersten Bremer Eiskeller errichtet, und zwar dort, wo jetzt die Beck's Brauerei (gegründet 1873) steht. 1918 ging die kleinere Kaiserbrauerei Beck & May in die Hände von C.H. Haake über. (Der Kaiser-Zusatz im Namen entschwand 1918 genauso unerlaubt wie der Kaiser selbst). Beck & Co. hatte sich auf Export-Bier spezialisiert, Haake auf den lokalen Konsum, und diese Arbeitsteilung unter den beiden Marken wurde weiterentwickelt. So wurde der Name Beck's (seit spätestens 1894 bitte mit Apostroph!) weltweit bekannt. Es ist gar nicht so lange her, dass es in Bremer Eckkneipen kein Beck's vom Fass gab; das ist eine Neuerung, die erst meine Generation miterlebt hat. Beck's für den Rest der Welt und (direkt aus der Flasche getrunken) für die Millennials; Haake für uns.

Am Anfang meiner Bremer Zeit galt Haake-Beck Edel Hell – im Gegensatz zum bekannteren Pils – als Handwerkerbier. Kaum denkbar heute, dass, wenn man die Maler im Haus hatte, man sie mit einer Kiste Bier versorgen musste. Das Edel Hell ist mir zu mild und süßlich, könnte aber für einen Bremen-Besucher aus südlichen Landstrichen interessant sein. Allerdings gibt es das Edel Hell nur in Flaschen und meines Wissens nirgendwo in der Gastronomie. Dafür umso mehr das Pils.

Wie alle deutschen Städte ist natürlich auch Bremen seit langem im Craft Beer-Fieber. Es werden überall gute neue Sorten – sowohl nationale als auch internationale – angeboten. Mein Tipp: die *Heldenbar* im

Cinema, Ostertorsteinweg 105, direkt am Sielwalleck, Epizentrum der Bremer Szene mit tollem Programmkino. Neben den unzähligen Flaschensorten (Crew Republic Drunken Sailor aus München oder Brew Dog Punk IPA aus Schottland) haben sie immer zwei *guest beers* vom Fass.

Der Inbegriff der Gentrifizierung des Stadtteils Walle ist die Union Brauerei (Theodorstr. 12; Haltestelle Gustavstraße), die Neugründung einer traditionellen Bremer Brauerei aus dem Jahr 1907, die 1968 Pleite machte. Das ursprüngliche Gebäude ist noch intakt und liebevoll als Produktions- und Gaststätte rekonstruiert worden. Edelburger mit Festhaltespieß. Der größte Craft Beer-Hersteller der Stadt bietet sieben Stammbiere und verschiedene saisonale Biersorten an. Hinzu kommt: Obwohl die Brauerei im alten Arbeiterviertel Walle steht, ist sie nur einen Katzensprung vom neuen Nobelviertel Überseestadt entfernt (➢*Im Westen was Neues | die Überseestadt*). So ist 2016 das passiert, was bis dann als unvorstellbar galt: Ein reicher Werder-Spieler hat es ausgerechnet in Walle geschafft, den Ferrari eines Mannschaftskollegen zu Schrott zu fahren (Schaden rund 30.000 Euro). Die engagierten Leute von der Union machen gute Brauseminare, und die Brauereiführung ist wesentlich spannender als bei der Riesenbrauerei am Fluss, wo hauptsächlich mit Videos und jungen Guides gearbeitet wird, die von einem Skript ausgehen und für tieferschürfende Fragen nicht zuständig zu sein scheinen. Zu ›meiner‹ Zeit waren es ehemalige Brauereimitarbeiter.

Es gibt auch andere Craft-Biere, die genauso so lecker bzw. interessant sind. Mein Favorit: die Bremer Braumanufaktur, die die Marke Hopfenfänger verkauft – fünf Stammbiere und verschiedene saisonale. Auch Brauer Markus Freybler veranstaltet Brauseminare, und zwar kleinere und intimere. Mein Motto ist:

Drink responsibly – but drink.

Die Neustadt

»Neustadt? ... Neustadt ... das ist doch ... ist das nicht ...?«, fragt der Viertellini ein wenig verwirrt, wenn er auf jenen Stadtteil angesprochen wird, zuckt schließlich mit den Schultern und verschwindet in einer Kneipe am Eck, um der entstandenen Irritation mit ein paar Becks beizukommen.«

(aus: Jens Laloire, *Die Legende von der Neustadt*)

The wrong side of the tracks?
Als Pionier links der Weser

It begins in Bremen,
a Bremen of smooth, lethal cobbles,
and the tram points – twinkling mantraps.

The tram is a clanking beast
from a childhood dream,
a screeching dragon-worm.

I wipe the window as we cross
the steaming ice-floe river lying bared
to the stinging eastern breath.

Down three steps in an Irish anorak
that has never braved such biting air,
I inhale the city into my ears.

I take the frost road; the one not taken,
taken now. First time at eight below,
and the Neustadt crisp as a Christmas cake …

(aus: Ian Watson, *Riverbank City*)

Ich kam nach Bremen in einem irischen Anorak, der nie minus acht Grad erlebt hatte und dem neuen Lebenszustand nicht gerecht wurde. Mein Auftrag im späten November damals war es, für mich und meine irische Frau eine Wohnung zu finden. Von meinen neuen Studenten erfuhr ich, dass es in der Neustadt, die damals als der spießigste aller Bremer Stadtteile galt, am günstigsten sei. Außerdem meinte Christa, eine Anglistik-Studentin, dass in ihrem Haus eine kleine Parterrewohnung frei sei. Es gebe zwar ständig Ärger mit dem Vermieter wegen nicht herausgestellter Mülleimer, roter Fahnen, fehlender Gardinen und nicht geschippten Schnees – aber immerhin sei es billig.

Ich fuhr in einer Straßenbahn dorthin, und das allein war ein Erlebnis, denn die Trams in Belfast hatten schon lange vor den Bussen kapitulieren müssen. Der Geräuschpegel war enorm. Wer heute eine Bremer Straßenbahn vorbeifahren oder bremsen hört, kann sich nicht vorstellen, wieviel Lärm damals von diesen Monstern ausging, die mit ihren steilen Eingangsstufen alles andere als barrierefrei waren. Ein Kreischen in jeder Kurve, eine Feuersalve an jeder Weiche. Und so fuhr ich quietschend und schaukelnd über die Weser. Nie zuvor hatte ich Eisschollen auf einem Fluss gesehen.

Doch schon bald konnte ich dem Neustädter Spießertum etwas abgewinnen. So lernte ich dort die großartige deutsche Institution des Zeitungshalters kennen. In der *Buntentorspost* vor einem Haake-Beck zu sitzen und eine Zeitung an einem Holzstab zu lesen, war ein Erlebnis, über das ich nach Hause berichtete. Familienbesuch aus Irland musste unbedingt dorthin gebracht werden, um diese geniale Erfindung zu bewundern.

Als ich die Neustadt dann sechs Jahre später – nicht ohne eine gewisse Erleichterung – verließ, blieb mir hauptsächlich das Miefige in Erinnerung. Im Buntentorsteinweg war außer dem kleinen Friedhof und dem Rossfleischer kein Leben – tote Hose. So blieb ich jahrelang voller Vorurteile, die übrigens auch von vielen alteingesessenen Bremern auf der ›richtigen‹ Weserseite geteilt wurden. Bürger aus dem Steintorviertel, die auf ihrer Liegewiese am Osterdeich lagerten, fragten und fragen sich noch öfter, was »hinter dem Café Sand liege und sich Neustadt nenne« (Laloire). Aber das einstige Graue-Maus-Viertel ›drüben‹ hat sich längst zu einem interessanten Wohnquartier entwickelt.

Erst kamen die türkischen Lebensmittelläden, dann die studentischen Teelädchen. Wo in den neunziger Jahren die teils hervorragenden Döner-Buden und das spannende afrikanische Restaurant *Mommies Corner* in der Langemarckstraße das neuere ethnische Profil des Stadtteils widerspiegelten (sie existieren übrigens noch!), kamen später vegane Cafés und Edelburgerläden hinzu. Auch die Kneipen änderten sich in Ausstattung und Angebot; wo einst dunkelbraunes Holz, Zeitungen an Holzstangen und Haake-Beck Pils dominierten, machen sich jetzt Glas, Stahl, freigelegter Backstein, Latte Macchiato und Craft Beers breit. Die alte *Buntentorspost* im Steinweg ist jetzt ein mexikanisches Bistro, heißt *Miró* und ähnelt in seinem Aussehen den Bildern des spanischen Malers durchaus.

Kirsten wohnt seit über 20 Jahren in der Neustadt, mal links, mal rechts der Friedrich-Ebert; sie schätzt den alten Stadtteil. Zum Käseladen, meint sie, gesellt sich nun das portugiesische Café, neben Haake steht mit einem Mal Chai auf der Getränkekarte – die Nachbarschaft ist hip geworden. Sie ist durch Zufall in die Neustadt gekommen und dieser all ihre Umzüge hindurch treu geblieben. »Das erste, was mir positiv aufgefallen ist, ist die Nähe zum Zentrum. Ich kann immer, wie spät es auch sein mag, von der Stadt nach Hause laufen. Nie mit mulmigem Gefühl – es fühlt sich sicher an. Das Beste? Wenn es in die Stadt geht, egal ob zu Fuß, mit Fahrrad oder Straßenbahn, geht es unweigerlich über die Weser, was jedes Mal von Neuem eine Freude ist: die Stadt am Wasser, die Geschäftigkeit. Der Blick nach links und rechts: jeden Tag, bei jedem Wetter, zu jeder Jahreszeit anders.« Schon damals habe die Neustadt einen besonderen *buzz* gehabt, eine spannende Mischung aus alt und jung, vertraut und fremd.

Um in die Neustadt zu kommen, musst du einfach über die Wilhelm-Kaisen-Brücke laufen. Allein der Blick nach links und rechts wird Kirstens Urteil bestätigen. Eine Pause an der Kleinen Weser, der nächsten Brücke, lohnt sich ebenfalls – links Wasser und Bäume, rechts Wasser, Bäume (die wohl bald dem Deichschutz zum Opfer fallen werden) und Urbanes.

Pretty-pretty, also Touri-hübsch, erscheint sie noch nicht, die Neustadt. Nach der Brücke kommt eine eigenartige architektonische Kombination aus den sechziger und siebziger Jahren sowie Jugendstilresten. Aber die Neustadt ist viel schöner als ihre großen fetten Tangenten und versteckt sich ruhig und bescheiden hinter diesen vierspurigen *main drags*.

Schon in der Friedrich-Ebert-Straße kommt die essentielle Mischform der Gegend zum Vorschein: In der Hipster-Bude *Charlotte* (nicht nach Goethes Frau von Stein, sondern nach der Gainsbourg benannt) kannst du mit Wein, Craft Beer und Craft Coffee im Sofa-Ambiente wie bei Muttern sitzen – zwischen dem Leihhaus Jordan (gegründet 1920er Jahre), einem Scotch-Whisky-Laden, Goldschmuckankauf und zwei Dönerbuden.

Am Leibnizplatz, 60 Meter weiter, residiert seit vielen Jahren auf dem Gelände der großen Oberschule aus rotem Backstein die *bremer shakespeare company*, eine innovative Truppe, die nicht nur Stücke des alten Barden auf Deutsch, sondern auch zeitgenössisches Theater aufführt. Die Company ist immer einen Besuch wert und steckt voller Überraschungen. Gelegentlich verlässt man verärgert, viel öfter aber begeistert das Haus – doch garantiert nie gelangweilt.

Der gute Poet aus Stratford meinte, der Zweck des Schauspiels »sowohl anfangs als auch jetzt war und ist, der Natur gleichsam den Spiegel vorzuhalten«. Und so steht gegenüber der Schule bzw. dem Theater zwischen Straßenbahnen, Autos, Rädern und Fußgängern die Bronzeplastik Der Gaukler des Künstlers Christoph Fischer. Dieser Gaukler – jahrhundertelang war das ein Synonym für Schauspieler – schaut in den Spiegel. Oder, frage ich mich, wie das schon viele andere vor mir taten: Hält er ihn etwa seinem Publikum vor?

Du stehst zwar mitten im ältesten Teil der Neustadt, aber wo ist hier die *action*? Kurze Antwort: Überall. Aber für uns hier und jetzt: in der Pappelstraße. Um dort vom Leibnizplatz aus hinzukommen, musst du entscheiden, ob du den kurzen oder den langen Weg nehmen willst.

Wählst du den langen Weg, so siehst du sehr viel Schönes. Allerdings verläuft er so versteckt, dass ihn sogar mancher Bremer von der anderen Flussseite nicht kennt. Der kurze hingegen mäandert durch die Wohngegend, die wegen der meisten ihrer Straßennamen als Flüsseviertel bekannt ist.

Bummeln und Einkehren | der kurze Neustadtspaziergang

Kurz nach der shakespeare company geht es rechts in die Neustadtscontrescarpe. *Nomen est omen*: eine Contrescarpe ist die äußere Mauer (bzw. Böschung) des Hauptgrabens um eine Festung, und genau das war die Neustadt im 17. Jahrhundert, nämlich die südliche Hälfte des befestigten Bremen, d.h. die Hälfte links der Weser. Und richtig geraten: Die Bezeichnung datiert aus der Franzosenzeit, der Zeit der napoleonischen Besatzung (1810–1813). Nun nimmst du gleich die erste Straße links, das ist die Bachstraße, die jedoch nichts mit dem zuvor erwähnten Flüsseviertel zu tun hat, sondern eher mit einem mehrerer deutscher Komponisten dieses Namens – wahrscheinlich Johann Sebastian. Trotz der Kriegsschäden ist die Wohnlichkeit hier deutlich sichtbar. An der Ecke Lahnstraße biege nach rechts und dann entweder in die erste links, die Wiesbadener, oder – vielleicht noch schöner – in die zweite, die Biebricher. Bei der dritten links, der Illerstraße, stößt du endlich wieder auf einen Flussnamen. Hier siehst du allerdings etliche Bombenlücken. In diesen drei hübschen Straßen herrscht eine kleinbürgerliche, kernfamiliäre Idylle. Das Wort *nett* hängt wie ein Damoklesschwert über dem Ganzen. Aber die schöne Ruhe ist kein Zeichen von Eskapismus, Aussteigertum oder Landflucht, denn weit weg vom Trubel ist man hier mitnichten. Marschiere weiter, und bald kommst du in die Pappelstraße.

Tiefer in den Neustädter Dschungel

Das Viertel um die Pappelstraße ist – mit Rewe-City-Markt, Rossmann, Fielmann, mindestens acht Bäckern, Sparkasse, Penny-Markt, einem lebendigen täglichen Markt (und freitags ab 15 Uhr Ökomarkt), einer Schule sowie acht bis zehn Kitas (Ausrufungszeichen!) – eine ideale Wohngegend für junge Familien.

Wie vielerorts in der Neustadt ist die Bausubstanz nicht durchgehend fotogen: etliches kaputt, viel fünfziger/sechziger Jahre. Aber, wie gesagt: Unsere Tour ist sowieso nicht für die vorgesehen, die ein Selfie mit den Stadtmusikanten machen wollen, sondern für jene, die Bremens lebendige Kultur suchen.

Das Risiko, heutzutage in der verkehrsberuhigten Pappelstraße von einem Auto oder gar von einem Fahrrad angefahren zu werden, ist inzwischen weit geringer als die Gefahr, von einem telefonierenden, vollbärtigen Hipster-Vater mit einem teuren Dreiradbuggy in die Kniekehle gestoßen zu werden. Zusätzlich zu den berüchtigten Kampfradfahrern kommen jetzt – aus Hamburg-Ottensen importiert – die gefürchteten Kampfkinderwagenschieber in die Bremer Neustadt. Um dieser Gefahr zu entkommen, kannst du gern ins *YellowBird Coffee* gehen: Kaffee und Essen hervorragend, nettes Personal (liebevoll gepflegte Toilette – ja, das ist erwähnenswert, denn in Bremen nicht immer selbstverständlich). Facebook-Beurteilung: »awesome time … so tasty and so healthy«). Da sitzen die KKWSs zwar auch mit am Tisch, sind aber dann weniger gefährlich. Es kann allerdings sein, dass sie beim Smartfonieren nicht merken, dass ihr Kind unter dem Tisch an deinem Hosenbein sabbert. Inzwischen nenne ich die Neustadt Bremen-Ottensen. Allerdings: ›Authentische‹ Eckkneipen gibt es immer noch in der Gegend (*Zum Erleneck*, Erlenstraße/Delmestraße, ich sage nur: Haake-Beck und Sky), vor allem aber ist es hier gelungen, die alten Kneipen so umzufunktionieren, dass nicht nur der ursprüngliche Charakter bewahrt wurde, sondern dass sowohl die Hipster als auch die ›alten‹ Kunden sich gleichermaßen gut fühlen und friedlich miteinander leben können. Dazu gehört mein Liebling: *Paganini* an der Ecke Erlenstraße/Isarstraße.

Nach dem *YellowBird*-Kaffee (auch zu empfehlen: die dunkle heiße Schokolade) kannst du in der Pappelstraße auf und ab bummeln, vielleicht sogar die Straßen mit den Flussnamen beschnuppern: Mosel, Rhein, Isar, Donau, und die Delme ist ebenfalls ein Fluss. Du kannst aber auch die Delme- oder die Rheinstraße ganz nach Nordosten bis zu den Neustadtswallanlagen entlanggehen und dort die Aussicht genießen – links Richtung Hochschule Bremen (Justitiapark), oder nach rechts zurück zum Leibnizplatz gehen.

Bunter als du denkst | der lange, gut versteckte Neustadtspaziergang

Leibnizplatz: Ja, hier stehst du nun im ursprünglichen Teil der Neustadt, Alte Neustadt genannt. Während die Bezeichnung Neustadt heute acht Ortsteile meint, die den größten Teil Bremens südlich der Weser ausmachen, bedeutete sie früher etwas viel Kleineres. Im frühen 17. Jahrhundert wurde die Stadt um eine in Viertelmondform gebaute Befestigungsanlage auf der anderen Flussseite erweitert. Diese reichte ungefähr von der Stelle, wo heute die Beck's Brauerei steht, bis zum Rotes-Kreuz-Krankenhaus im Buntentor. Von diesem Wallgraben ist nur eine einzige Wasserfläche übrig geblieben: die Piepe, ein kleiner Teich, der neben dem Krankenhaus liegt.

An dieser großen T-Kreuzung, die man vielleicht schon vom Flughafen kommend passiert hat, beginnt der Buntentorsteinweg, der zu ›meiner‹ Zeit nur eine Eckkneipe zu bieten hatte, aber inzwischen zu einer zweiten Kulturmeile Links der Weser herangewachsen ist.

Vom Leibnizplatz kann man über die lange Fußgängerampel direkt in den Buntentorsteinweg gegenüber gehen. Schöner ist es aber, sich drei Minuten Zeit zu nehmen und den Park rechter Hand zu betreten, um ein Gefühl dafür zu bekommen, warum es sich in der Neustadt so gut wohnen lässt. Dieser Park am Leibnizplatz ist ein Endstück der alten Neustadtbastionen, die 1623–37 errichtet wurden. Ab 1815, als eine solche Festung militärisch überholt war, wurde eine Grünanlage angelegt; 1891–1905 wurde der Graben aufgefüllt und die über anderthalb Kilometer lange Parkanlage so gestaltet, wie sie jetzt ist. Allein der Sauerstoff ausatmende Baumbestand ist unbezahlbar. Rechter Hand ist der – im Sommer durch Laub nicht mehr sichtbare – Centaurenbrunnen, an dem sich Kinder bei gutem Wetter Ewigkeiten beschäftigen können. Nachdem ich ein paar Lungen Neustadtlebensqualität inhaliert habe, will ich mit dir in den Buntentorsteinweg gehen, also schwenken wir nach links. Hübsch ist er nicht. Im Gegenteil: Bei einem Assoziationsspiel mit dem Wort Buntentorsteinweg würde mir als erstes *zerhackt*, *zerbombt* und *schnell zusammengewürfelt* einfallen.

Hinter der architektonischen Hässlichkeit aber versteckt sich Interessantes und Unerwartetes.

Erster Stopp? Abends wird es bestimmt das Kulturzentrum *KUKOON* (Kulturkombinat offene Neustadt), Nr. 19, Ecke Geschworenenweg, sein, das ein breites Programm anbietet: Kino (auch Open-Air), Konzerte (Indie-Pop u.ä.), Vorträge und Workshops. Tagsüber empfehle ich eher einen Zwischenstopp 100 Meter weiter am Friedhof, zuerst im *Radieschen: Kaffee und Erinnerungen*, einem kleinen Café mit selbstgemachtem Kuchen, das im alten Torhaus des Friedhofs logiert. Tee, Kaffee und Säfte, überwiegend bio und fair und auf Sammelgeschirr wie bei Oma. Frag Wirtin Eva nach der Philosophie des Cafés – und was es mit den ›Erinnerungen‹ auf sich hat. Eine Pause nachher im 1822 angelegten Friedhof lohnt sich allemal; eine Besonderheit bilden die Grabstätten von Sinti und Roma und Reste einer Gruppe islamischer Gräber. Schau dich um.

Weniger als 80 Meter weiter auf der anderen Straßenseite kommt das größte Neustädter Kulturkonglomerat, das aus drei Teilen besteht: das *Sudhaus*, direkt am Straßenrand, in dem sich die niederländisch gepolte Gastronomie *Filosof* befindet; dahinter die *Schwankhalle*-Bühne (Konzerte, Theater, Lesungen; wo She She Pop und Mobile Albania auftreten, da *muss* sich ein Besuch lohnen); und die *Städtische Galerie* mit immer wechselnden Ausstellungen und Veranstaltungen – Vorträgen, Lesungen, Konzerten und Soundscapes in kleinem Rahmen. Schon fünf interessante Haltepunkte – nicht schlecht für eine solch hässliche Straße. Aber es kommen noch drei weitere dazu:

Auf der rechten Seite ist ein unansehnliches, recht vernachlässigtes Haus mit drei Etagen zu sehen – die Nr. 95. Es war vor fast einem Jahrhundert in ganz Bremen als ›Rotes Haus‹ bekannt. 1924 wurde es von der Kommunistischen Partei als regionaler Hauptsitz und Druckerei für ihre *Arbeiter-Zeitung* gekauft, und von ihm gingen sehr viele Aktionen aus. Schon während der Weimarer Republik gab es viele Razzien durch die Politische Polizei, aber unter den Nazis kam es dann zu den perfidesten Ereignissen. Das Haus wurde von der SA besetzt, schon am 13. April 1933 wurde die Hakenkreuzfahne gehisst. Bald wurde das Haus zum Auffangbecken der überfüllten politischen Gefängnisse. Ausgerechnet hier wurden – nachdem das Haus nach einem ermordeten SA-Mann umbenannt worden war – die

KPD-Leute missbraucht und gefoltert. Auch die Pläne für die Pogrome am 9./10. November 1938 wurden hier geplant und koordiniert. Das Rote Haus gehört zu den vergessenen Bremer Geheimnissen.

Darauf folgt bald *Kuß Rosa* (Konzerte, Slam Poetry, Theater, Lesungen, Clownerie, Partys und noch viel mehr); und direkt nebenan ist das kleine, aber feine *Schnürschuhtheater* (Nr. 145), das u.a. regelmäßig englischsprachiges Theater bietet. Natürlich sind das alles Lokalitäten, die sich in erster Linie für einen Abendbesuch empfehlen. Aber wirf schon mal einen Blick darauf.

Wir bleiben auf der linken Seite und steuern unser letztes Ziel an, bevor es wirklich hübsch-schön wird. Nach einem kleinen Wäldchen kommt die Eisdiele *Die Eismacher*, mit hausgemachtem Gelato. Hier steigst du – am besten mit einem Eis im Bauch oder in der Hand – auf den Deich und hast plötzlich (wie versprochen, sehr gut versteckt) den großen Spielplatz und das schöne Naherholungsgebiet der Neustadt vor dir: die Kleine Weser bzw. ganz rechts den Werdersee. Im Sommer wird der Werdersee sowohl von der Neustadt- als auch von der Stadtwerder-Seite aus belagert und beschwommen – bepaddelt und besegelt sowieso. Das Wasser ist sehr sauber. In der Kleinen Weser, die ca. zwei Kilometer später kurz vor Beck's in die große Namensvetterin fließt, lässt sich auch gut baden.

Die Aufgabe ist einfach: geh ungefähr einen Kilometer zurück Richtung Stadt bzw. Wilhelm-Kaisen-Brücke. Wenn nicht gerade Wochenende und gutes Wetter die Kampffahrradklingler herauslocken, die diese Strecke unberechtigterweise als Rennbahn ansehen, ist die Erholung perfekt. Kurz bevor du linkerhand das Krankenhaus erreichst, kannst du nach links abschweifen und dem kleinen Teich, der erwähnten Piepe, einen Besuch abstatten und die Enten füttern. Zurück kommst du am besten auf dem/über den kleinen Sankt-Pauli-Deich (einst Heimat der gleichnamigen Brauerei; ➢ *Die drei Bs – Bier? Bremen?*, S. 104).

Auf der anderen Seite der Wilhelm-Kaisen-Brücke sieht man das nächste Zeichen der Verjüngung und Verschickung: das *Papp in Bremen*. An der großen lauten Verkehrsecke sitzest du je nach Tageszeit mit Eis, Espresso oder Cocktail, erstaunlicherweise ganz ohne Stress. Wie schaffen es die Menschen bloß, hier trotz Straßenbahn und Abgasen so entspannt zu verweilen? Unerklärlich, aber irgendwie funktioniert es.

Nun geht es weiter, dieses Mal nicht die Hauptstraße zurück zum Leibnizplatz, sondern an der großen Kreuzung rechts in die Westerstraße, um einen wilden Zickzackkurs einzuschlagen, der in der Pappelstraße endet (s. oben). Also sofort links in die Delbrückstraße, an deren Ende eine *Tequila Bar* steht. Zu ›meiner‹ Zeit in der Neustadt hätte ich für so was nach Mexiko fahren müssen; nun steht dort einfach: *When life gives you lemons reach for the tequila*. Jetzt rechts in die Große Johannisstraße und gleich wieder links in die Schulstraße (nun bist du hinter der großen Oberschule am Leibnizplatz und der shakespeare company), dann schräg über den Parkplatz zur Delmestraße und Lahnstraße, wo du schon mal warst. Zurück geht es wieder über die Biebricher oder Wiesbadener zur schon gepriesenen Pappelstraße, wo man nach dem Flanieren im *YellowBird Coffee* einkehren kann (➢ *Tiefer in den Neustädter Dschungel,* S. 113).

Ein Tipp für den Abend: Jenseits unserer Route, in der dritten Parallelstraße zum Buntentorsteinweg, der Gastfeldstraße, werden in der Kneipe *Gastfeld* Indie-Pop-Konzerte, Literaturevents, DJ Nights, Fotoausstellungen und mehr angeboten (Hausnummer 67; Prädikat Kult; vielleicht die älteste Gaststätte der Neustadt; sie war für die GIs nach 1945 wegen des Fraternisierungsverbots tabu – *off limits*). Auch jenseits unserer heutigen Route und ganz bestimmt nicht *off limits* ist das Kulturcafé *Karton*: 120 Meter rechts um die Ecke von *Papp* (Papp/Karton, Papp/Pub; *get it*?) Am Deich 86.

Im Sommer ist der Werdersee-Badestrand in der Tat die Verbindung zwischen Rechts- und Links-der-Weser, zwischen Viertel und Neustadt. Dort kann der Viertelbewohner in ein paar Minuten mit dem Portemonnaie im Mund herüberschwimmen zum Kiosk am Werdersee, zum *Diekschart-Kiosk* oder zu den *Eismachern* am Buntentorsteinweg.

Mein Kollege Jens Laloire, der seine Neustadt innig liebt, hat recht: »Die Viertellinis beginnen sich an das Leben außerhalb ihrer vertrauten Umgebung zu gewöhnen, beginnen zu ahnen, dass das bessere Leben möglicherweise jenseits jenes Flusses zu haben ist, hinter dem sie so lange nichts vermutet hatten. Immer häufiger lassen sie ihr Szenequartier hinter sich und verbringen ihre Abende in der Neustadt.«

Probier es mal aus. Aber dann doch bitte schnell zurück über die Brücke, bevor du die Neustädter Immobilienseiten aufschlägst …

»Das Skelett der Straßen«

Ehe wir eintraten in die Grünenstraße, sah ich vor mir, jenseits der Westerstraße, am Neuen Markt, die Pferdetränke, die abgeschabte Brunnenkante, den langen Pumpenschwengel, die steinernen Pfosten, an denen die Brauereikutscher die Zügel befestigten, und als sie in die Kneipe gingen, tauchten die Gäule, in ihrem mit Kupfer beschlagnen Geschirr, die Mäuler ins Wasser. Der Stadtteil, der in mir nachlebte, war ein andrer als der, an den mein Vater jetzt dachte. Das Skelett der Straßen ließ sich errichten. Wir gingen auf unser Haus zu. Das Geviert wurde abgeschlossen von der Häschenstraße, mit Bestenbostels Maschinenfabrik und Haakes Bierbrauerei, weiter entfernt war die Große Allee, die zur Kaiserbrücke führte und zum Grünenkamp, wo im Herbst der Freimarkt abgehalten wurde, ganz am Ende der Straße befand sich der Neustadtbahnhof, da sah mein Vater sich auf dem Rad fahren, vorbei am Gelände der Kaiser Brauerei, der großen Brauerei Haake-Beck, der Reismühle, über die Eisenbahnbrücke, auf dem Holzsteig neben den Güterzügen, zur Weserwerft. Ich blieb zurück im Haus, dessen oberstes Stockwerk wir bewohnten. Von der Diele führte eine enge, steile Treppe hinauf zum Zimmer mit der Küchennische, durchs Fenster waren die durch Zäune und Gemäuer voneinander abgetrennten Hintergärten zu sehn und, über den Dächern der Häuser an der Deichseite, die Giebelreihen des Teerhofs, mit ihren vorstoßenden Flaschenzügen an den Luken. Was ich von meiner Kindheit besaß, glich dem Revier, das den Pygmäen zugemessen wurde. Alles, was mir hier widerfahren war, hatte sich zu einem kleinen Raum verdichtet, angefüllt mit einem Gespür für Richtungen, Volumen und mit rebusartigen Andeutungen, die Leben annahmen, wenn der Blick sich in sie versenkte. Wie die riesigen Wälder mit ihrem Dickicht, ihren Wassergüssen, ihren wilden Tieren hinter einem Haufen zusammengerafften Blattwerks zu ahnen waren, so schlossen sich Höfe und Brücken, Schuppen und Deiche, Jahrmarktsbuden und Straßenecken zu einem Gewebe zusammen, aus dem eine Stadt sich deuten ließ, hier gab es keine Abstände, alles war beherrscht von der Empfindung der Nähe und ließ sich, durch geringe Verschiebungen des Blickwinkels, zur Vorstellung bringen. Ständig hingen um uns die Gerüche von Malz und Kaffee, vermischt mit den Dünsten aus der Seifenfabrik an der andern Seite der Straße.

(aus: Peter Weiss, *Die Ästhetik des Widerstands.* Erster Band. Suhrkamp 1975, S. 99f.)

»Ich habe hier Gehen gelernt« | Peter Weiss

Seit meinem Studium in Belfast bewundere ich eine der bekanntesten literarischen Persönlichkeiten Bremens, die es sogar zu Weltruhm gebracht hat: den 1936 nach Schweden emigrierten Autor, Dramatiker, Filmemacher und Maler Peter Weiss, der ab seinem dritten Lebensjahr zehn Jahre lang hier lebte. Als er 1982 mit dem Bremer Literaturpreis ausgezeichnet wurde, beschrieb sich der schon vom Tode gezeichnete ›heimatlose Weltbürger‹ in seiner Dankesrede in der oberen Rathaushalle als »verlorener Sohn Bremens« und behauptete:

> Diese Stadt hat ja den Grund gelegt zu meiner ganzen Arbeit. Ich habe meine ganzen Kinderjahre hier in Bremen erlebt. Ich kam hierher, noch ehe ich gehen konnte, ich habe hier Gehen gelernt, Denken gelernt, Sprechen gelernt, Schreiben gelernt, hab' hier meine ersten Freunde gehabt ... Ich habe hier die ersten menschlichen Kontakte gehabt. Ich habe erlebt, was Beziehungen zwischen Menschen sind, und ich hab' auch damals noch ganz unbewußt erlebt, was in einer Stadt enthalten ist an Klassenkräften.
>
> (aus: Wolfgang Emmerich (Hg.), *Der Bremer Literaturpreis, 1954 – 1998*)

Das Kontor seines Vaters, des ungarischen Textilhändlers Eugen (Jenö) Weiss lag zentral in der Sögestraße 46. Die Familie zog jedoch öfter um, pendelnd zwischen günstigen Mietwohnungen und gutbürgerlichen Domizilen, die Ansehen versprachen. Die erste, preiswerte, aber – wie Weiss selber schrieb – »weniger reputierliche« Adresse war in der Neustadt: die Grünenstraße 23, nahe der kleinen Weser. Wie die übrige Neustadt wirkte dieses Quartier für den Jungen lebendig, weil es sozial und architektonisch sehr durchmischt war. Er fuhr bei der Preisverleihung fort:

> Was ich in der Neustadt erlebt habe als Kind, das war im Grunde genommen das Lebendige, das Expansive. [...] Die ganze Gegend hatte ja schon die Atmosphäre von Hafen. Sie prägte das, was später in meinen Bildern immer wieder vorkam.
>
> (ebenda)

Die alte Neustadt, das waren Kontore, Packhäuser, dann der Hopfengeruch aus den großen Brauereien – damals noch neben Haake-Beck auch Dressler, Remmer und Kaiser (später Beck's), deren Gerüche über die Nachbarschaft schwelten (*Abschied von den Eltern*, S. 15). Und dann vor allem einmal im Jahr die Geräusche und Gerüche des Freimarkts, damals (1890–1913) noch außer auf dem Domshof auch auf dem Platz Grünenkamp. Da beschreibt er, wie er das Bad in der Menge genoss und sich dort zugehörig fühlte (ebd. S. 22). Der Grünenkamp war übrigens in den Anfängen meiner eigenen Bremer Zeit ein beliebter öffentlicher Ort, vor allem für Zirkusse. 2002 hat Beck's den Platz von der Stadt gekauft; seitdem ist er Teil des Brauereigeländes.

Als Weiss in Bremen für *Die Ästhetik des Widerstands* recherchierte, fand er sich einem fast bis zur Unkenntlichkeit zerstörten Areal gegenüber; trotzdem konnte er seine Erinnerungen sehr lebendig in den Mund seines Erzählers legen, der sich an die Zeit der Bremer Räterepublik erinnert. Der Stadtteil hat diesen großen Künstler stark geprägt; schade nur, dass man die Peter-Weiss-Straße in einem etwas gesichtslosen Teil der Neustadt platziert hat, der in keiner Beziehung zum Autor steht.

Von all dem abgesehen ist erwähnenswert, dass die Alte Neustadt eine Miniaturversion der Stadt am rechten Ufer ist. So wie es eine Filiale des Freimarkts am Grünenkamp gab, gibt es immer noch in der Nähe vom Grünenkamp den Neuen Markt, eine längliche Straße, an deren südwestlichem Ende seit 1737 auch ein weiterer Roland steht: der Kleine Roland, eine Art trotziges Gegenstück zum großen Freiheitssymbol. Die Neustädter Bürger, die ihn damals gestiftet hatten, machten so darauf aufmerksam, dass sie nur eingeschränkte Bürgerrechte besaßen.

In der Marcusallee 45 in Horn fand die Familie Weiss 1923 ein ›reputierliches Habitat‹, das ein krasses Gegenstück zur Neustadt darstellte. Hier konnte sich der Junge im Grünen austoben und die Natur entdecken, was sein Werk wesentlich prägte. Das Gut, das Weiss als Rickmerspark bezeichnet, wurde schon 1911 von der Stadt gekauft und bildet den heutigen Bremer Rhododendronpark.

Im Sommer 1927 dann der Umzug zurück in die Stadt. Jahrelang gehörte das fünfstöckige, 1906 erbaute Haus Außer der Schleifmühle 27 zu meinen Lieblingshäusern in Bremen, weil es eben nicht so typisch bremisch war. Es ist ein Wohn- und Geschäftshaus in Bahnhofsnähe mit großen Etagenwohnungen, für »Kaufleute, die keinen Wert auf eine Landhausidylle in Schwachhausen legten«, so wie man sie aus Hamburg oder Leipzig kennt. Das Haus, das damals als architektonisch revolutionär galt und sogar über eine eigene Wikipedia-Seite verfügt, hatte den ersten Eisenbeton-Skelettbau in Bremen, verfügte über eine zentrale Staubsaugeranlage und steht unter Denkmalschutz. Als ich erfuhr, dass dort der elfjährige Peter Weiss gewohnt hatte, war mein Glück komplett; ich habe sofort eine Fan-Fahrradtour mit Fotoapparat dorthin gemacht.

Die letzte Station der Familie in Bremen war – vor dem Umzug nach Berlin – ein kurzer Aufenthalt in der eher kleinbürgerlichen Horner Straße 127 im Steintor. Laut Anne E. Dünzelmann »entwickelte Weiss keine Beziehung zu diesem Zuhause«. Eine Peter-Weiss-Pilgerfahrt durch Bremen lohnt sich nur für Adepten, denn die vier Adressen sind sehr weit voneinander entfernt. Hinzu kommt, dass die Neustadt um die Grünenstraße herum kaum etwas zu bieten hat; sie wurde im Zweiten Weltkrieg fast völlig zerstört, und die Nr. 23 ist jetzt ein Nullachtfünfzehn-Wohnhaus aus den achtziger Jahren. Nicht mal die Kneipe um die Ecke in der Brautstraße, in der Friedrich Ebert einst Bier einschenkte, ist noch zu finden. Die Horner Straße ist zwar eine hübsche Nebenstraße im Steintorviertel, aber die Nr. 127, unweit der Bismarckstraße, ist nichts Besonderes und hat kein Schild ›Hier wohnte …‹ an der Tür. Die Marcusallee in Horn allerdings ist einen Besuch wert, wenn man im schönen Rhododendronpark einen Spaziergang machen will.

PETERSWERDER

»Und auch Bremerinnen und Bremer, die nicht direkt hier leben, kommen hierher – zum Besuch des Weser-Stadions, für ein Feierabendbier oder weil es hier noch unverwechselbare Lieblingsläden und Fachgeschäfte gibt. Dicht gelegen an der Weser und der Pauliner Marsch, findet man Erholung gleich um die Ecke und ist doch mitten in der Stadt. Jung und Alt leben gern in diesem viertel-nahen Stadtteil. Viele Geschäfte, Boutiquen, Kneipen, Bistros und Anbieter verschiedenster Dienstleistungen machen den Stadtteil bunt und interessant.«

(aus: www.peterswerder.net/)

Wo die Weser einen großen Bogen

Auch wer keine Eintrittskarte ergattern kann, sollte bei Werder-Heimspielen den Ortsteil Peterswerder besuchen, um die Stimmung ums Stadion herum mitzunehmen. Am besten abends bei Flutlicht, aber auch nachmittags gibt es ein buntes, lustiges Treiben – vorher hängt die Vorfreude am Osterdeich in der Luft, nachher hallt die laute, wenn nicht immer ganz kohärente Spielanalyse durch die engen Wohnstraßen. Eine Stadt, ein Verein: 100 Prozent Werder. Das ist das Bremer Geheimnis.

Wenn Werder *nicht* spielt, schlummert das Stadion, es träumt still vor sich hin – mitten in einem Erholungsgebiet und direkt am Weserufer. Mit dem Rücken zum Weser-Stadion zu sitzen und auf die Weser zu blicken, gehört für die Bremer der Östlichen Vorstadt zu den therapeutischsten aller Maßnahmen. Du suchst einfach die Schilder zu Tor 13 auf der Süd-, also der Weser-Seite des Stadions, und lässt dich nieder. In die Böschung sind vier Stufen aus hellem, kühlem Beton eingebettet, wo man sich gut hinsetzen kann. Wegen der Schräge der alten Deichböschung kann man sich je nach Beinlänge einen maßgeschneiderten Sitzplatz aussuchen. Ziel dieser Übung ist es, die Stelle zu bewundern, »wo die Weser einen großen Bogen macht«. So lautet nämlich die erste Zeile der ältesten Vereinshymne von Werder. Und genau an dieser Stelle kannst du – je nach Jahreszeit bzw. Laubdichte – schräg rechts besagten Bogen und dahinter die Zwillingstürme des St. Petri-Doms sehen.

Vor dir, am anderen Ufer, liegt der namengebende Werder, diese riesige Insel zwischen Weser und Werdersee, wo 1899 der ursprüngliche *Fußball*-Verein Werder gegründet wurde. Am linken Arm der Weser, der Kleinen Weser, wurde 1930 zwischen zwei Wehren in Huckelriede und am Teerhof in der Stadtmitte dem Inselcharakter des Werders ein Ende gemacht und ein langer schmaler See geschaffen. Der Stadtwerder beherbergt sowohl die große Kleingartenkolonie, die du direkt vor dir sehen kannst, als auch dahinter großzügige Sportanlagen und das Naherholungsgebiet der Neustadt, den Werdersee, mit Ruderbooten und Bademöglichkeiten.

Noch weiter dahinter landen von links nach rechts die großen Maschinen aus Dublin, London Stansted, Thessaloniki, Paris, Teneriffa oder Stuttgart. Kein Zufall, dass die Werder-Eckbälle im Stadion vom City Airport Bremen gesponsert werden: »Die schönsten Ecken der Welt.«

Vor dir wird je nach Jahreszeit gepaddelt, gerudert und gesegelt. In der Arbeitswoche schleifen vollgeladene Binnenschiffe Stoffe und Güter aller Art – Kohle, Metallschrott, Kies, Autos – von der Nordsee nach Mitteleuropa.

Autorenheimat, Autorenpausenplatz. Ob du mit Sicherheit behaupten kannst, der erste Tourist, der erste Nicht-Bremer zu sein, der hier sitzt und nach Süden meditiert, hängt vom Erfolg dieses Buchs ab.

Genau an dieser Stelle bzw. ums ganze Stadion herum wurde der Sommerdeich 2016/17 um etliche Zentimeter auf eine Gesamthöhe von 6,50 m erhöht. Dafür gab es drei Gründe. Zum einen liegt das Weser-Stadion seit 1929 im Überschwemmungsgebiet vor dem großen Osterdeich (Höhe NN + 9,20 m, noch einen Meter über der heutigen Sollhöhe). Zweitens deuten alle Klimaprognosen auf eine weiter steigende Überflutungsgefahr durch Schmelzeis hin. Drittens kommt hinzu, dass 2002 beschlossen wurde, die Mehrzwecksportstätte in ein reines Fußballstadion zu verwandeln. Die 400-Meter-Tartanbahn wurde entfernt, das Spielfeld und der Stadioninnenraum wurden um zwei Meter abgesenkt, so dass bei einer starken Sturmflut nicht nur der Rasen und die Rasenheizung, sondern auch ein großer Teil der Infrastruktur absaufen würde.

Die anfängliche Empörung der Stadtteilbevölkerung von Peterswerder über die Baumaßnahmen 2016/17 um das Stadion herum – wo zum Teil sehr hohe und hässliche Spundwände aus inzwischen rostigem Stahl aus dem Boden ragen – war verständlich, aber auf der Flussseite ist es durch eine subtile Landschaftsarchitektur gelungen, die Böschung des Sommerdeichs sogar noch schöner zu machen.

Wenn der Deichbeton zu kühl wird, kannst du ums Stadion herum auf den meistens schattigen Vorplatz gehen und dort das *Wuseum*, das Vereinsmuseum, besuchen. Museumspädagogisch ist es vielleicht nicht topaktuell – viel hinter Glas, fehlende Interaktivität (etwa eine Torwand) –, aber es gibt interessante Ausstellungsstücke, darunter historische Videos. Spannend auch für Fans anderer Vereine.

Bevor du den Vorplatz verlässt, wirst du mit Erstaunen feststellen, dass auch die Nordgerade des Stadions total mit Fotovoltaik ausgestattet ist. Dies ist natürlich eine Attrappe, denn auf die Nordseite scheint die Sonne nie, aber Ästhetik und Symmetrie verlangen, dass das ganze Stadion gleich aussieht. Nichtsdestotrotz: Diese ökologische Maßnahme verdient Respekt, denn die Außenfassade enthält 16.000 m² Solarzellen, die 1,2 Megawatt produzieren, die mit 840.000 Kilowattstunden 300 Haushalte versorgen könnten. Somit ist das Stadion strommäßig autark, denn auch die Flutlichtanlage – 4 x 56 x 2000 Watt – wird von der Solaranlage bedient. Die Anlage ist so stark, dass Patienten im Klinikum Mitte in der St.-Jürgen-Straße dabei im Bett lesen können. An Heimspielabenden – bei Abendspielen spielt der SVW traditionell immer am besten – badet das ganze Viertel in einem warmen grünen Licht. Eine weitere Bedeutung des Stadions für diese Wohngegend ist ebenfalls nur abends und nachts in der Fußballsaison zu erleben. So schrieb der Weser-Kurier 2011: »Goldgelb leuchtet es seit ein paar Wochen im Weser-Stadion. Vor allem nachts wirkt es, als hätte sich ein UFO die Traditionsspielstätte als Landeplatz ausgeguckt.« Grund ist eine besondere Anlage, die durch ein Speziallicht mit einer bestimmten Wellenlänge die Photosynthese des Rasens ›austrickst‹ und sein Wachstum fördert Den gelben Himmel, der über dem Wohngebiet hängt, sieht man am ganzen Osterdeich. Bei Nebel wirkt es wie die Waschküche im viktorianischen London.

Oase, Schlachtplatz, Gastro-Paradies am Brommy

Vom Vorplatz auf der Nordseite des Weser-Stadions gelangt man durch den Deichschart, die kleine Untertunnelung des Osterdeichs, ins Wohngebiet Peterswerder. In der Straße Auf dem Peterswerder sieht man sofort die typische Mischung der Östlichen Vorstadt: links die allgegenwärtigen hübschen Bremer Wohnhäuser, hier etwas kleiner, und rechts das Handwerk – die Stellplätze der Stadiongaragen, eine Autowerkstatt und einen Innenhof. Letzterer ist inzwischen zu Wohnraum umgestaltet worden, aber hier war früher auch ein Dreh- und Angelpunkt der lokalen Kleinindustrie, denn an dieser Stelle wurden um 1900 von der Firma Zement Müller nach dem Muster der neuen New Yorker Wolkenkratzer die ersten Betonhäuser Bremens gebaut. Die revolutionäre Kombination von Beton und Stahlträgern (*reinforced concrete*) erlaubte vor allem breitere Decken und Zimmer. Direkt gegenüber vom Hof und der Werkstatt steht ein solches Betonhaus, Nr. 13, als roter Klinkerbau getarnt. Dahinter steckt nämlich die damalige Hightech. Das große, beige-weiße Haus links an der Ecke Braunschweiger Straße und das Nebenhaus sind zwei weitere.

Ausschlaggebend für dieses Wohngebiet, das übrigens die am schnellsten steigenden Hauspreise Bremens vorzuweisen hat, ist die außerordentlich hohe Zahl von Gastronomiegeschäften, die eine Art Doppelleben führen. Einerseits leben sie als Restaurants und Bistros von den Einheimischen, die einen ausgeprägten Hang zum Essengehen und Biertrinken haben; andererseits blühen sie siebzehn Mal im Jahr – bzw. je nach Pokalglück und europäischem Status von Werder 18 bis 25 Mal – als Fußballkneipen auf. In einem Radius von 80 Metern stehen gleich fünf solche; nimmt man die beiden italienischen Restaurants und das vegetarische taiwanesisch-chinesische Restaurant *Vegefarm* in der Hamburger Straße dazu, sind es sogar acht. Durch den Deichschart kommend, trifft man zunächst auf die Raucherkneipe *Taubenschlag*, einst sogar – in dunkler Fußballvergangenheit – Geschäftsstelle des SV Werder. An der nächsten Ecke, wo die hübsche, fotogene Oranien-Apotheke zu bewundern ist, stehen gleich zwei

Gaststätten einander schräg gegenüber: das *Wirtshaus*, mit deftiger deutscher Küche, Fußballkost, TV-Fußball und fünf Fassbieren; und *Hopfen & Schmalz*, das nicht nur Fußballkost und eine exotisch anmutende Tageskarte sowie »das liebevoll zubereitete Butterbrot auf dem Brettchen« (*Schmalz*) anbietet, sondern auch um die 50 Biersorten, zum größten Teil Craft Beers (*Hopfen*). Unter dem verdächtig zweisprachigen Titel ›Bremer Craft Bier‹ offeriert in der Hamburger Straße das *Union Shop & Bar* Biere der örtlichen Brauerei gleichen Namens.

Der kleine Park gegenüber, der den Namen Brommyplatz trägt, ist nach dem Admiral Karl Rudolf Brommy (1804–1860) benannt, dem Gründer der modernen deutschen Marine. Der Brommyplatz, beliebter Kindertobe- und Spielplatz, ist auch Heimat mehrerer Boule-Gruppen, mit denen du schnell ins Gespräch kommst. Daneben in der Hemelinger Straße steht stolz die *Brommy Kneipe*, die in den Fußballkreisen drum herum als äußerst kultig gilt.

Einerseits. Die steigende Beliebtheit von Peterswerder liegt weniger an den Bistros als an der Tatsache, dass es eine ruhige Oase in Viertel-Nähe ist. In Peterswerder spielen tagsüber Kinder auf der Straße, und auch die Erwachsenen trödeln lieber über Kopfsteinpflaster als über die zugeparkten Trottoirs. Abends ist man in nur fünf Minuten zu Fuß im Vergnügungsviertel Steintor, und genau acht Minuten sind es bis zum *Schauburg*-Kino. Man ist also ganz dicht am Viertel-Flair dran, jedoch ohne den Trubel, den Lärm, die Abfälle und die Drogengeschäfte in Kauf nehmen zu müssen. Die Zäsur bildet die Lüneburger Straße; das ist für die Peterswerderaner der Anfang und das Ende des Viertels. Allein: Abends darf man nicht zu spät mit dem Auto nach Hause kommen, da die Parkplätze fehlen und man Runden drehen muss. Inzwischen liegt das nicht mehr nur an den Kneipen und Bistros, sondern auch daran, dass die neueren Bewohner oft zwei oder drei Autos pro Familie besitzen.

Andererseits. Das Verhältnis des Peterswerderaners zum Sport-Verein Werder ist kompliziert und vielschichtig. Es gibt diejenigen, die gegen den Verein protestieren und prozessieren, weil er das Erholungsgebiet Pauliner Marsch samt Schrebergärten und Sportplätzen vermeintlich beherrscht und verhunzt. Da keiner dieser Einwohner beim Bau des im Jahre 1929 errichteten modernen Stadions geboren war, riecht das ein bisschen nach denjenigen, die in Flughafennähe ziehen, um sich dann zu beschweren, dass es so laut ist.

Im Gegensatz zu manchen anderen deutschen Bundesligastädten verfügt Bremen *à la anglaise* über ein Fußballstadion, das mitten in einem ruhigen Wohngebiet nicht weit von der Stadtmitte liegt. (Die Universität ist da, wo man ein Fußballstadion erwartet, und das Stadion steht eigentlich dort, wo die Uni sein müsste.) Auch wenn mancher Bewohner sich über Lautstärke und Müll beschwert, hat man sich doch daran gewöhnt, und bis Montagmorgen ist der Müll weg und der Groll vergessen. Die Logistik ist meisterhaft; am Osterdeich stehen während des Spiels über zwanzig Busse in einer Reihe, die die Fans in alle Richtungen nach Hause fahren.

An Spieltagen verwandelt sich die Idylle in ein lebendiges Areal, das man je nach Einstellung zum Fußballsport verschieden charakterisieren kann. Für die einen ist es Karneval; für die anderen das Purgatorium. Alle fünf Gaststätten bieten draußen Bier aus Plastikbechern (Pfand!), das erstaunlich gut schmeckt, vor allem, wenn man gewonnen hat. Die Kreuzung an der Braunschweigerstraße ist schlicht unpassierbar; da stehen Fußballfreunde, örtliche und auswärtige, friedlich mit einem Bier in der Hand herum und dekonstruieren die eben zu Ende gegangene Partie. An der Ecke zur Hamburger Straße, wo die Bremer Straßenbahn AG eine ähnliche Schlange an Trams anbietet, werden neben Bier auch Bratwürste auf der Straße vorm *Wirtshaus* und bei *Hopfen & Schmalz* serviert. (Nur mit Hilfe von pfeifenden Polizisten kommen hier die Autos und Trams vorbei.) An der *Brommy* dann das Gleiche, aber hier gibt es noch eine andere Spezialität nach den Spielen: Lakritz-Likör.

Randale gibt es gelegentlich auch. Normalerweise werden nach Abpfiff die auswärtigen Ultras über den Osterdeich Richtung Hauptbahnhof mit Polizeieskorte weggeleitet, aber trotzdem spüren die Bewohner hier die Schattenseiten des Fußballs. Lokale Legenden erzählen von laufenden Dreiecksgefechten – Besuch vs. Heim vs. Polizei –, die man als Zuschauer von der eigenen Veranda aus verfolgen konnte, so wie Chateaubriand 1815 bei der Schlacht von Waterloo. Und vor ein paar Jahren hatte der *Vegefarm*-Wirt das Pech, dass seine Bestuhlung draußen grün-weiß war, was als Provokation seitens einer Gruppe von HSV-Rowdies betrachtet wurde. Die Stühle haben sie als Schlagwaffen gegen Passanten verwendet, und infolge dieser schlechten Erfahrung machte er an Fußballsamstagen eine zeitlang nicht mehr auf.

Aber heute herrscht die angenehme tote Hose: Eine alte Dame mit Stock und Rewe-Tüte humpelt nach Hause; am Brommyplatz tobt eine KITA-Gruppe; vor der Apotheke schließt eine Kundin ihr Fahrrad an. Inzwischen sind wir zurückgelaufen, Richtung Osterdeich, zum *Taubenschlag*, dann links in die Braunschweiger, um eine weitere Variante des Bremer Hauses zu begutachten, die sich in der hübschen, ruhigen Harzburger Straße befindet.

Rosen und Veranden | das Bremer Haus II

Die Nähe zum kürzlich abgerissenen Bunker in der westlichen Hälfte der Braunschweiger Straße brachte der Wohngegend im Zweiten Weltkrieg zwar etliche Zerstörung, aber wenn man von wenigen Neubauten absieht, ist Peterswerder doch ziemlich intakt. Manche nennen es Klein-Amsterdam, denn hier herrschen roter und gelber Backstein vor, sowie Kopfsteinpflaster und überall angekettete Fahrräder, oft im holländischen Stil, die zusammen mit den Zäunen eine eigene Geometrie bilden. Hier ist so gut wie nichts picobello; man hat manchmal das Bedürfnis, nach einem Malermeister zu rufen. Hier stößt du auf eine Art geordnete Baufälligkeit. Die Zäune sind vom Fahrradanketten zerkratzt und verrostet, sogar die verzinkten sind mattdunkelgrau, ohne jedoch den Eindruck der Gleichgültigkeit oder Lieblosigkeit zu erwecken. Denn: Was in der entsprechenden Jahreszeit in der Braunschweiger und dann in der Harzburger Straße (erste rechts, Richtung Osterdeich) sofort auffällt, sind die Rosen. Und wer solche Rosen liebevoll pflegt, kann nicht stumpfsinnig oder gleichgültig sein. Du kannst sicher sein, dass irgendwann, vielleicht *mañana*, jemand den Malermeister anrufen wird. Er wohnt ja gleich um die Ecke. Hier sind die Bremer Häuser kleiner als in Schwachhausen oder im Ostertor, vielleicht einen Tick niedriger in der sozialen Skala. Manche haben Souteraingeschosse, manche nicht; manche haben Veranden, andere nicht.

Wenn man im Winter aus der Braunschweiger in die Harzburger biegt, sieht man als erstes die gefälschte Fotovoltaikanlage des Weser-Stadions. Jetzt, im heißen Juni, ist das Stadion hinter dem großen, alten Baumbestand am Osterdeich gänzlich verschwunden. Was ich heute als erstes sehe, sind Rosen, Rosen, Rosen – in allen Farben, Größen und Höhen. Von den sechzehn Häusern in dieser kurzen Straße trumpfen zwölf mit Rosen auf. Von unten gesehen, Richtung Osterdeich, prangen sie in allen Schattierungen des Rosaroten, von Fast-Weiß über Lachs und Pink bis Erdbeereis. Dann Dunkel- und Scharlachrot, Weiß, Gelb und Orange. In einem Vorgarten ragen sie bis über vier Meter in die Höhe. Es hat seit drei Wochen nicht mehr geregnet, aber die Blumen in den Vorgärten wirken bunt und tapfer – offenbar liebevoll gewässert. Blühender Lavendel bricht durch einen Zaun über den halben Bürgersteig hinaus. Auch dort, wo die Vorgärtchen mit Kieselstein bedeckt sind, leuchten in Töpfchen eine Vielzahl von Geranien und andere Blumen, die ich nicht benennen kann. Links bietet die Lücke zwischen der Braunschweiger und Harzburger Straße 15 einen Blick ins typische Bremer Carré, die grüne Lunge zwischen vier Straßen, was charakteristisch für viele Wohngebiete und ein Merkmal des Bremer Hauses ist. Nichts bewegt sich. Im Schatten an eine Straßenlaterne gelehnt, atme ich heilsame Ruhe ein. Die Häuser der Braunschweiger hinter mir schirmen den Lärm der Autos und der Linie 3 ab, der Verkehr am Osterdeich ist zu weit weg. Ein Kater schläft unter einem Auto, wird aber auf mich aufmerksam, schaut kurz skeptisch, macht dann die Augen wieder zu.

Wie durch ein Wunder hat die Harzburger keine einzige Bombenlücke. Während im Viertel die Eckhäuser eindeutig höher sind als die anderen in der Straße, sind sie hier eher viereckiger und breiter. An den Veranden lässt sich erkennen, dass es sich um Bremer Häuser der zweiten Generation handelt. Die Häuser der Harzburger wurden 1896/97 gebaut, also ein gutes halbes Jahrhundert später als die in der Altstadt. Hier wohnten unter anderem Kapitäne und ihre Familien, samt Köchin und Dienstmädchen. Nun hat fast jedes Haus vorn eine Veranda, mal als offene Terrasse, mal glasüberdacht, mal als geschlossener Wintergarten mit Möbeln und Bücherregal.

Der einzige architektonische Makel in der Harzburger Straße sind die Zäune; einige sind noch original, die meisten jedoch modern. Der Grund dafür war der Stahlmangel im Zweiten Weltkrieg, dem solche Zäune zum Opfer gefallen sind. Die Frage, warum welche überlebt haben, bleibt mir ein Rätsel. Auf Nachfragen erhalte ich widersprüchliche Antworten: Entweder waren die Besitzer der verschonten Zäune einflussreich und/oder ranghohe Nazis, die ihren Besitz nicht abgeben mussten; oder aber die überzeugten Nazis haben ihre Zäune vorbildlich als *erste* geopfert. War das Behalten des Zauns vielleicht sogar ein bescheidener Akt des zivilen Ungehorsams? Ein risikoreiches, wenn nicht gar lebensgefährliches Unternehmen, oder? Inzwischen habe ich meine Recherchen eingestellt, denn manchmal sind die Fragen interessanter als die Antworten.

Nun kommt das erste und einzige Geräusch aus dem Südwesten: Der Rettungshubschrauber fliegt aus Richtung Autobahn heran zum nahegelegenen Landeplatz im Klinikum Mitte. Wenn die Menschen in Peterswerder ihn über ihren Köpfen hören, schauen sie nicht nach oben. Sie wissen, was das bedeutet und dass es jemandem nicht gut geht. Der einzige, der gestört wird, ist der Kater, der nun zusammengekauert unter dem Peugeot hockt und mich vorwurfsvoll anschaut, als hätte ich den blöden Helikopter hierhergeholt.

Kormoranen-Country | am Weserwehr

Weniger als zehn Minuten zu Fuß von der Endstation einer Straßenbahnlinie – der 3 – und du stehst vor einem Vogelschutzgebiet. Da siehst du endlich, was die dicke Zigarrenform Bremens für die Erholung der Menschen hier bedeutet. So wie man vom industriellen Gröpelingen nach Nordwesten schnell ins Grüne des Blocklands, Heimat der Wochenendradler, gelangt, so kommt man südlich vom Osten über das Hemelinger Wehr bald auf dem Lande an, und zwar nur wenige Fahrradminuten vom ländlichen Niedersachsen entfernt. Das Naherholungsgebiet Pauliner Marsch geht vom Weser-Stadion stromaufwärts fast nahtlos in die Parklandschaft am Wehr über – man muss lediglich am alten Leinpfad unter die Karl-Karstens-Brücke, hier Erdbeerbrücke genannt, laufen oder radeln.

Eine Vogelart braucht hier keinen Schutz. Kormorane kannte ich aus Irland nur als Meeres- bzw. Küstenvögel am und im Salzwasser. Als ich sie zum ersten Mal 60 Kilometer vom Meer entfernt an meinem Stadtfluss entdeckte, dachte ich, ich seh' nicht richtig. Dabei sind sie sofort am Flugstil erkennbar: Sie fliegen sehr schnell geradeaus und dicht über dem Wasser. Wenn sie fischen, machen sie keinen Sturzflug aus der Höhe wie Möwen, Seeschwalben oder Tölpel, sondern starten von einer Sitzposition auf dem Wasser. Wenn sie auf einem Felsen oder auf einem Pfahl stehen und ihre Flügel trocknen, sind sie unverkennbar. Meine Recherche hat ergeben, dass sie in der Tat im Süßwasser leben können. Sie sind in der Lage, sehr tief zu tauchen und lange unter Wasser zu bleiben. Nun haben sie meinen Fluss kolonisiert. Am Wehr sind die Kormorane für die Angler natürlich Public Enemy Number One – Diebe. Diese intelligenten Vögel sehen es aber genau umgekehrt. Sie sitzen locker auf dem Wasser und beobachten leicht interessiert die Angler, die mit grimmigem Gesichtsausdruck ihre Haken immer wieder ohne Erfolg in hohem Bogen auswerfen. Dann – *plopp* – verschwinden die Kormorane rasch nach unten und tauchen 15 bis 20 Meter entfernt mit einem Fisch im Maul wieder auf – jedes Mal. Und jedes Mal grinsen sie die frustrierten Angler mit ihrer zappelnden Trophäe an.

Soweit die Fauna; doch das Wehr an sich ist schon faszinierend. Du kannst einfach am Geländer hängen und ins wirbelnde, braune Wasser schauen, bis du den Zwang spürst, hineinzuspringen. Besser nicht, natürlich; sonst verschwindest du in der brodelnden Linsensuppe unter dir und tauchst irgendwann aufgedunsen in Bremerhaven oder, wenn du Pech hast, in Rotterdam wieder auf. Noch spannender ist die Schleuse, die die Binnenschiffe und Freizeitboote hochklettern und abseilen lässt. Es lohnt sich, hier zu verharren, bis die Schleuse in die eine oder andere Richtung geöffnet wird.

Gleich nach dem linken Ufer kommt das Vogelschutzgebiet Neue Weser an der Wehrstraße. Der kleine See mit seiner hübschen Insel entstand erst nach 1981, als ein wuchtiger Deichbruch eine ganze Kleingartenkolonie wegspülte. Damals standen wir auf der Erdbeerbrücke und sahen, wie Gartenmöbel, Kühlschränke und sogar ganze Parzellenhäuser unter uns vorbeigetrieben wurden. Wo das Parzellengebiet stand, wurde der Werdersee verlängert und das Naturschutzgebiet angelegt. Nicht nur Kormorane, sondern auch Höckerschwäne, Graureiher, Blässhühner, Haubentaucher, Zwergtaucher und Flussseeschwalben … Für Vogelliebhaber ein Muss.

Dann bist du am Ziel, an der Endstation der Linie 3. Da bietet sich ein Mittagstisch an oder Kaffee und Kuchen, oder – wenn es wirklich sein muss – ein bayerisches Bier bei *Paulaner's* (oh je, auch mit dem Bier-Apostroph) im Wehrschloss.

Schwachhausen

»Eine der besten Adressen Bremens. Opulente Jugendstil-Villen und Altbremer Häuser prägen das Gesicht Schwachhausens, das sich nördlich an die Bremer City anschließt. Der beliebte Stadtteil gilt als gediegene Wohngegend für gutsituierte Bürger. Tatsächlich trifft man in den sieben Ortsteilen aber auf eine bunte Mischung aller Generationen und Gehaltsklassen.«

(aus: www.bremen.de/schwachhausen)

Denkmalschutz und Luftschutz | das Bremer Haus III

An einer Hauswand im Steintorviertel prangt der Graffitispruch *Lieber stark wohnen als Schwachhausen*. In vielem sind diese beiden Stadtteile polare Gegensätze: hier cool, dort straight, hier schmuddelig, da gepflegt, belebt/ruhig, vielleicht sogar jung/alt? Es genügt zu sagen, dass auf beiden Seiten Vorurteile gehegt und gehätschelt werden. Schwachhausen ist ein wirklich ruhiger Stadtteil mit vielen reinen Wohnstraßen und relativ wenigen Geschäften. Neben ein paar Supermärkten gibt es einige anspruchsvolle Einzelhandelsgeschäfte, darunter Feinkost- und Bioläden, Weinhandel, die eine oder andere Buchhandlung und etwas konventionell ausgerichtete Damenmodeläden. (In der Villenstraße Parkallee durften laut Bauordnung von 1891 überhaupt keine Gewerbebetriebe entstehen.) Neulich habe ich allerdings eine Wette verloren, als ich kühn behauptete, in Schwachhausen könne es unmöglich einen Tätowierer geben …

Als Inbegriff ruhigen Wohnens mögen die schmalen, oft gepflasterten Straßen gelten, die die Namen von Komponisten oder bildenden Künstlern tragen. Die Bremer Häuser sind hier zwar meist ziemlich groß – natürlich auch mit Platz für Personal –, aber weniger urban, im Vergleich zur ersten Generation aus der Kohlhöker-, Mathilden- oder Besselstraße sogar eher *suburban*.

Eine der schönsten Ecken Schwachhausens ist eine kurze Bahnfahrt aus der Stadt (drei Haltestellen und vier Minuten vom Hauptbahnhof entfernt) und einen Spaziergang wert. Du steigst an der Haltestelle Brahmsstraße der Linie 6 (Richtung Universität) aus und läufst 200 Meter die Hartwigstraße entlang, an der Benque- und Franziusstraße vorbei. Hier siehst du schon eine typische Schwachhauser Mischung: auf der einen Straßenseite (verhältnismäßig) bescheidene Stadtvillen und Doppelhäuser, auf der anderen Seite Reihenhäuser. Es lohnt sich, in die Bulthauptstraße hineinzugehen; du wirst bestimmt deine helle Freude an der Architektur haben, denn die Mehrheit dieser 1905 bis 1909 gebauten Bremer Häuser steht seit 1973 unter Denkmalschutz. Das Besondere an ihnen ist, dass sie an der Straßenseite einen Zwerchgiebel haben. (Um die Bulthauptstraße zu beschreiben, musste ich das deutsche Wort *Zwerchgiebel* allererst lernen. Wer wissen will, was das ist, kann sie dort links und rechts oben an den Häusern bewundern.) Jeder Giebel ist anders und einer schöner als der andere. Die Häuser sind mehrheitlich weiß gestrichen, aber dort, wo andere Farben verwendet wurden, geht der Eindruck der harmonischen Einheit keineswegs verloren. Als spannender Fremdkörper gilt – ähnlich der mysteriösen Nr. 10a in der Mozartstraße (s. oben) – die Nr. 26/28, ein Haus in dunklem Klinkerbau, mit dem man 1923 eine Baulücke auffällig füllte. Aber – zu viel Architekturgeschichte. Geh langsam, schau links und rechts, nach oben und nach unten und genieße die Details: Intarsien, Messingtürknäufe …

Fahrräder an Vorgartenzäunen sind Standard, denn die Kampfradfahrer kennen keine Reviergrenzen. Die Zahl der kleineren Räder draußen und der eine oder andere Bollerwagen verraten, dass in der Bulthaupt jüngere Familien wohnen. Der Hauptunterschied zum Steintor besteht aber darin, dass alles gepflegter, man könnte sagen: *liebevoller* gepflegt ist. Alles strahlt Gemeinschaftssinn aus. Allein die kleinen Vorgärten sind den Spaziergang wert. In der entsprechenden Jahreszeit blühen hier Oleander, Hibiskus und Liguster, und der Efeu an und sogar in den Zäunen ist auch im Winter eine Augenweide.

Wenn du dich dem Ende der Straße näherst, wandelt sich das Bild – der Blick wird nun leider von den modernen, gewiss nicht ›denkmalschutzwürdigen‹ Wohnblocks der letzten Jahrzehnte beherrscht. So könntest du rechts an der Ecke zur Parkallee das prächtige, alte Haus schlicht übersehen, die 1904 gebaute Villa Ahlers, an die 1979 ein sorgsam konzipierter weißer Neubau angefügt wurde. Der trübe Eindruck verfestigt sich, wenn du die Parkallee erreichst und dich links und rechts umschaust. Geh nach rechts und überquere die Parkallee an der Fußgängerampel an der Otto-Gildemeister-Straße, um den tragischen Grund für diesen Anblick zu erfahren.

Schräg links durch den schmalen Parkeingang mit der Orientierungstafel, dann wieder links: Da stehen zwei riesige Luftschutzbunker (Nr. B31 und B32), zwei von dreien, die nicht der Schwachhauser Zivilbevölkerung, sondern der Wehrmachtskommandantur, den Nazioberbonzen, dem Bürgermeister (sowieso SA-Ehrensturmführer) und dem Polizeipräsidenten (SS-Brigadeführer) zur Verfügung standen. Obwohl sich das als ›Regierungsbunker‹ bekannte Hauptquartier einen Kilometer entfernt in Höhe der Emmastraße befand, war den Alliierten die militärische Bedeutsamkeit dieser beiden Bunker bekannt, so dass sie nicht, wie zunächst, nur strategisches Ziel der Royal Air Force und der USAF blieben, sondern in den letzten Kriegsmonaten auch zum Schauplatz der verbissenen Endgefechte in Bremen wurden. Der Befehl des deutschen Oberkommandos Nord-West hieß: »Bis zum letzten Blutstropfen.« Am 27. April 1945 endlich kapitulierte der Nazi-Führungsstab vor den Schotten. Durch die Breite der Parkallee blieben die Wohnhäuser auf der anderen Straßenseite weitgehend verschont. Trotz der schäbig zugebauten Bombenlücken bekommst du auf dem Gang durch diese Straßen ein gutes Bild davon, was es hieß und noch heißt, in Bremen fein zu wohnen.

Um dieses düstere Kapitel der Stadtgeschichte zuzuschlagen, empfiehlt es sich, einfach umzudrehen und einen Blick in den Park zu werfen. Hundert Meter reichen, um sich von seiner Grandeur zu überzeugen. Über die atemberaubende und vielfältige Pracht unseres größten und schönsten Erholungsgebiets werde ich dir ein anderes Mal erzählen. Beim Verlassen des Parks wirst du auf eine Infotafel mit Lageplan stoßen, woraus du ersehen kannst, wie riesig diese herrliche grüne Lunge ist. Und sicherlich – so hoffe ich – wird dir das Lust auf einen baldigen Spaziergang machen.

Dann geht es zurück über die Parkallee in Richtung Linie 6. Dieses Mal lohnt es sich, durch die Otto-Gildemeister-Straße zu spazieren. Von der Parkallee her sieht sie zwar nicht sehr einladend aus, aber die Optik bessert sich, je weiter du gehst. Die Straße ist breiter als die Bulthaupt und asphaltiert, hat höhere Häuser und tiefere Vorgärten. Außerdem stehen hier auf beiden Straßenseiten viele von der Stadt gepflanzte Bäume. Alles ist hier eine Nummer größer, eine soziale Schicht höher, zumindest war es das damals, als die Häuser gebaut wurden. An der Hartwigstraße beziehungsweise an der Wachmannstraße angekommen, bleibt die Frage: zurück Richtung Stadt oder lieber einen Gaffer-Bummel mit Kaffee oder Tee in der Uni? Dann müsstest du mit der Straßenbahn in die andere Richtung (➢ *Vom Universum in den Mikrokosmos,* S. 146).

Oder vielleicht doch lieber den wunderschönen Bürgerpark erforschen?

»Eine Bank mit poliertem Spenderschild«

Seit einer halben Stunde irrten sie durch den Bürgerpark, auf der Suche nach ihren Gedichttafeln. So langsam hatte Penny die Nase voll. Warum war dieser neue Lyrikpfad nicht ausgeschildert? Den Naturpfad hatte man doch auch markiert.

Der Dunst, der vorhin noch über den Wiesen gehangen hatte, war verschwunden, und trotz der frühen Stunde stieg schon die Hitze herauf. Sie zog ihr Sweatshirt aus und schlang es um die Hüften. [...]

»Dort! Dort drüben! Da ist wieder was!«, hörte sie Jasper rufen. Sie spurtete los. Und siehe da, diesmal war es ihr Gedicht, das da prangte. Groß und rot und für alle sichtbar. Ihr erstes veröffentlichtes Gedicht. Wenn das ihr Vater zu sehen bekam!

Der Nummerierung nach mussten sie bereits eines verpasst haben. Kein Wunder. Immer wieder gabelten sich die Wege, immer wieder hieß es rechts oder links. [...]

Plötzlich schimmerte hinter den Sträuchern etwas Helles hindurch. Das musste der Weg sein, den die anderen eingeschlagen hatten. Wenn sie dort hinüber wollte, musste sie durchs Unterholz. Forsch wandte sie sich nach rechts, doch mit ihren Sandaletten war das mehr als mühsam. Es ging über Stock und Stein, und immer wieder schlugen ihr kleine Äste ins Gesicht und zerkratzten Stirn und Wangen. Sie fluchte.

Endlich. Geschafft. Jetzt hörte sie auch Stimmen. Das mussten die anderen sein. Sie steuerte auf die kleine Brücke vor sich zu und sah eben noch Johannas quittengelbe Jacke zwischen den Bäumen verschwinden, als ein Wahnsinnsschrei durch den Wald gellte.

Sie rannte los, über das Brückchen hinweg, quer durch Sägespäne und Pferdeäpfel, vorbei an üppigem Farn, vorbei an einer Bank mit poliertem Spenderschild, bis hin zu der Lichtung und dem kleinen See, der mit Lotosblüten bedeckt war. Dort sah sie eine reglose Menschengruppe stehen. Einer von ihnen kniete. Atemlos rannte sie auf dieses Tableau zu.

Da lag sie, die schöne Caro, ihr Schneewittchen, mit rabenschwarzem Haar und alabasterweißem Gesicht, neben einer roten Texttafel. Über sie gebeugt Aljoscha. Und ein paar Meter neben den beiden – ein menschlicher Schädel.

(aus: Elke Marion Weiß, *Kopflos im Park*)

»Immer wieder gabelten sich die Wege« | der Bürgerpark

Mich interessieren keine Mythen, vor allem nicht jener der Gräfin Emma, ihrem geizigen, arglistigen Erben und dem verkrüppelten Bettler, der an einem Tag das Areal der Bürgerweide umschritten haben soll – woher soll er gewusst haben, wie und wann er den Startpunkt wieder erreichen würde? Die heilige, adelige Wohltäterin aus dem 11. Jahrhundert hat sicherlich nichts mit jenem Verein zu tun, den 1865 wohlhabende Bürger (im damaligen Sinne) gründeten und dem es zu verdanken ist, dass diese riesige Fläche (knapp 140 Hektar) als landschaftlich gestaltetes Erholungsgebiet *allen* Bremer Bürgern (im heutigen Sinne) zur Verfügung steht: »Für Herr und Gesind', Mann, Weib und Kind. Zu Nutz und Freud' für alle Zeit.«

Mein Lieblingsblick auf den Bürgerpark ist von hoch oben aus der Luft – der Blick auf ein Schwarzes Loch. Ich genieße ihn, wenn ich nachts mit dem Flieger nach Bremen heimkomme. Mitten in den hellen Lichtern der Stadt ist ein massives galaktisches Nichts. Ich kann vom Park natürlich überhaupt nichts erkennen, aber ich weiß ganz genau, dass er dort ist. Das reicht, das stillt die Angst vor der Landung.

Wie kommst du da hin? Für Fremde ist der Park nicht einfach zu erreichen, weil in der Parkallee weder Busse noch Bahnen verkehren. Die Versuchung, ihn am stadtnächsten Punkt zu betreten – Am Stern also – ist nicht günstig, weil du sozusagen am letzten Zipfel und damit ganz weit weg von allen Hauptanziehungspunkten stehst. Zu Fuß starte ich immer, so wie heute, an der Ostseite, also irgendwo an der Parkallee. Ich bevorzuge den Eingang an der Otto-Gildemeister-Straße, bei den Bunkern, wie oben geschildert. Die Sonne brennt. Ich setze meine Mütze auf und lasse mich bald auf eine Bank mit frisch poliertem Spenderschild plumpsen: *In Memoriam Peter …, Deine …* Danke, gnädige Frau. Jedes Mal schaue ich auf das Schild, um zu sehen, ob ich einen Namen erkenne. So lange lebe ich nun schon in dieser Stadt.

Meine Autorenkollegin Elke Marion Weiß hat in ihrem Roman *Kopflos im Park* von einer schaurigen Sensation im Bürgerpark berichtet. Eine Gruppe Bremer Schriftsteller sucht ihre eigenen Texte auf dem schlecht ausgeschilderten Lyrikpfad und macht dabei einen gruseligen Fund – sie stößt auf einen menschlichen Schädel.

Der Schädel ist Gott sei Dank fiktiv, der Pfad jedoch nicht ganz. Eine ›Stiftung Poesie im Park‹, wie es im Buch heißt, gibt es allerdings nicht, vielmehr war es die Staats- und Universitätsbibliothek Bremen, die 2010 zusammen mit dem Bürgerparkverein das Projekt *Lyrischer Pfad* aus der Taufe hob, in dessen Rahmen ursprünglich eher populäre klassische Gedichte auf roten Tafeln aufgestellt wurden. Später kamen – in Kooperation mit dem Bremer Literaturkontor – Texte lebender bremischer Lyriker hinzu. Leider sind diese durch eine neue Staffel von Klassikern ersetzt worden, die zum Teil einen biederen Beigeschmack haben, so wie dieses kitschige Beispiel von Paula Modersohn-Becker: »Der Abend leget warme / hernieder seine Arme / und wo die Erde zu Ende / da ruhen seine Hände… / Die Mücklein summen leise / in ihrer hellen Weise / und alle Wesen beben / und singen leis vom Leben… / Es ist nicht groß, es ist nicht breit, / s' ist eine kleine Spanne Zeit / und lange währt die Ewigkeit…« Alleine wegen des Reimes und der *Mücklein* wäre die dichtende Malerin heutzutage des Deutschen Literaturinstituts Leipzig verwiesen worden (Schuster, bleib bei deinem Leisten!). Nur der Name Paula zählte … Schade, die deutsche Lyrik hat so viel zu bieten.

In letzter Zeit ist der Park in die Schlagzeilen und damit natürlich auch in die Leserbriefe geraten. Ein Grund: die Radfahrer, mit denen die Fußgänger im Streit liegen. Dass das ein Dauerthema ist, dokumentiert ein Leserbrief aus den *Bremer Nachrichten* vom April 1925: »Ein Fußgänger kann sich nur noch an einigen Stellen des Bürgerparks bewegen, im Übrigen haben die Radfahrer das Feld, bringen alles in Gefahr, was sich sehen läßt, und stören mit dem ewigen Klingeln die frühere idyllische Ruhe.« Ewiges Klingeln habe ich im Park nie erlebt, aber es stimmt, dass da Rad gefahren wird, wo eindeutig Fußgängerschilder aufgestellt sind. Kampfradfahrer sind das allerdings nicht, im Gegenteil. Mir kommen heute auf alten Hollandrädern eher lächelnde Opas und Omas gemächlich entgegen, harm- und helmlos.

Ein wachsendes Problem für die Parkverwaltung sind allerdings die zunehmenden Kohl und Pinkelfahrten, die allmählich verrohen, die von einem ehemals netten Zeitvertreib für Bürogemeinschaften oder Schulkollegien zu einem Saufen mit Ghettoblaster verkommen. Obwohl in der Parkordnung eindeutig steht: »Der Verzehr von Alkohol ist im Park außerhalb der Gastronomien und genehmigter Veranstaltungen nicht gestattet«, verbreitet sich diese Unsitte auch hier – so wie in anderen Gebieten der Stadt, zum Beispiel am Werdersee.

Gastronomien hat der Bürgerpark zwei. Ob die (ehemals städtische) *Meierei* im gediegenen Altbau von 1879 oder das moderne Café-Restaurant *Emma am See*, ist Geschmacks- oder (falls man, wie ich, beides mag) Abwechslungssache. Die erste bietet einen fulminanten Blick über Kuhwiesen (inklusive Kühe), die Melchersbrücke und das Park Hotel bis hin zu den Doppeltürmen des Doms. Das Ambiente ist fünfsternig, das Personal äußerst freundlich und der Kaffee superb, aber die Gesamtatmosphäre eher Alt-Schwachhausen. Anders das *Emma-Café*: Auch wenn der weiße Sechziger-Jahre-Flachbau architektonisch dem naturwissenschaftlichen Fachbereich einer Reformuniversität zugeordnet werden könnte, ziehe ich es meistens, so auch heute, vor. Da ist zunächst der See, der einen beschaulichen Anblick bietet; allein wegen der Seerosen könnte man hierherkommen. Trotz des Sechziger-Betons scheint das Haus leicht auf dem Wasser zu schwimmen, es hat etwas Maritimes. Der kleine Turm könnte die Brücke sein, da ist sogar ein Mast, dahinter die Sonnenschirme als Segel.

Obwohl ich so lange in dieser Stadt wohne, kenne ich den Bürgerpark immer noch nicht auswendig, vielleicht werde ich das nie. Das kann wahrscheinlich niemand. Als ich früher hier joggte, habe ich mich oft verlaufen. Plötzlich gabeln sich die Wege, du nimmst einen schönen Pfad, den du noch nicht kennst – und langsam sinkt die Abenddämmerung …

In der sengenden Augusthitze hätte ich vielleicht einen schattigeren Weg zur *Emma* wählen sollen. Obwohl ich die allgemeine Richtung kenne, hege ich an einer Kreuzung Zweifel. Mir kommt eine Familie entgegen: Mutter, Mitte vierzig, Sohn und Tochter im Teenageralter. Ich frage nach dem Weg. »Wir sind nicht von hier (*hach, die typische August-Antwort*)

– wie sieht das aus?« Ich beschreibe das flache weiße Schiff am Wasser und die Mutter lächelt. »Ja, da sind Sie auf dem richtigen Weg – da lang.«

An der *Emma* ist die Atmosphäre locker. Heute Nachmittag besetzt eine Krabbelgruppe mit acht Parteien – will heißen: mit Eltern, Kindern, zwei Hunden und Buggys – einen großen Teil der Tische draußen auf der Terrasse. Niemanden stört es, dass sie ihre selbstgebackenen Kekse aus Tupperdosen verteilen. Der Bezeichnung entsprechend krabbeln sabbernde Babys überall unter den Stühlen und Tischen herum, vom dazugehörigen Elternteil völlig ignoriert. Die Kellnerin stört es nicht, dass der Blond-Flauschige mitten im Durchgang seinen Rotz genüsslich auf einem Gummiball verteilt, den er dann lutscht. Den fremden Hund stört auch nicht, dass die kleine Schwarzhaarige inbrünstig mit ihrem Finger an ihm herumbohrt. Ich genieße meinen Café Crema und versuche, nicht auf den Rotz am Gummiball zu gucken.

Im Bürgerpark gibt es eine Menge Interessantes zu sehen und zu machen: die Heine-Bank, fast ein Dutzend wunderschön gestaltete Brücken, Ruderbootverleih, Denkmäler und Brunnen, Minigolf, Mini-Tierpark (inklusive der wunderschönen Alpakas mit der schicken Sturmfrisur). Allein die Gebäude: das *Schweizerhaus*, die *Meierei*, das *Wätjenhaus*. Von daher ist es ratsam, einen guten Übersichtsplan, ob online oder print, dabeizuhaben. Eigentlich entdeckst du den Bürgerpark am besten per Fahrrad, aber bitte, bitte: auf den Fußgängerwegen absteigen und schieben.

Als alter Wanderer, der sich an jeder Kreuzung umdreht, um den Blick zu speichern, weiß ich den Rückweg auswendig – denke ich zumindest. Doch trotz Infotafel (wo der rote Punkt mit *Ihr Standort* dummerweise entfernt worden ist) brauche ich Ewigkeiten, um die Stelle an der Parkallee wiederzufinden, wo die Bunker sind. Doch das Verkehrsgeräusch hilft. So ist er, unser Bürgerpark: wunderschön, einladend, wohltuend – aber auch unbezwingbar.

Vom Universum in den Mikrokosmos

Der Campus der Universität Bremen ist groß und interessant, ob im Semester oder in den ›Ferien‹ (von den forschenden Insassen oft *Lehrveranstaltungsfreie Hauptarbeitszeit* genannt). Die herausstechende Attraktion ist der Fallturm, der zweitälteste der Welt, aber ein Besuch lohnt sich nicht; er ist nicht nur nicht-öffentlich, sondern liegt auch weit entfernt am Campusrand. Er ist kilometerweit zu sehen, allerdings nicht, wenn du im Zentrum der Wissenschaft stehst. Nachdem du die Uni besichtigt hast (am besten an der Haltestelle Universität/Zentralbereich aussteigen), kannst du, wenn du dich dafür interessierst, zum Universum gehen, Bremens Science Museum und inzwischen im Standardprogramm aller Stadtführer.

Zwischen dem Universum und der Eisenbahnbrücke (Strecke Bremen-Hamburg) findest du den Stadtwald und den Stadtwaldsee, im Volksmund Uni-See genannt. Dieses schöne Areal samt Naturschutzgebiet ist ein Kapitel für sich, aber leider nicht an dieser Stelle. Hier gibt es so viele sich kreuzende Wege und Sehenswürdigkeiten, dass ich es schier ›unbeschreiblich‹ finde. Neugierige sollten einfach mit Kompass, Fußgänger-Navi oder Einheimischen hingehen und darüber schreiben. Es lohnt sich.

Was ich hier eigentlich anpreisen möchte, ist ein Spaziergang der schönsten Art (allerdings für fittere Zeitgenossen) von ungefähr 2,6 Kilometern. Du marschierst Richtung Stadt unter der Eisenbahnbrücke hindurch und kurz danach rechts in den Wald hinein, an der 1890 gebauten *Waldbühne* vorbei. Sie ist auch einen Besuch wert (Kaffee, Snacks, gute Hausmannskost, regelmäßige Live-Musik, gut gezapftes Haake-Beck), aber du hast es eilig; du willst nach Findorff, jenseits des Bürgerparks.

Nimm einfach den Hauptweg parallel zur Eisenbahn und marschiere los. In einer langen Linkskurve passierst du das *Wätjenhaus* (1894), ein altes Waldaufseherhaus. Du gehst immer weiter diesen linken Bogen entlang und irgendwann läuft der Weg parallel zum Torfkanal, an dessen anderem Ufer schon Findorff ist. Immer weiter am Kanal entlang Richtung Torfhafen. Ich bleibe gewöhnlich bis zum Ende auf der Parkseite des Weges, aber du kannst jederzeit über eine der kleinen Brücken auf die Findorffer Seite wechseln. Und ohne es zu merken, bist du ins nächste Kapitel hineingestolpert.

Findorff

»Findorff ist DER Familienstadtteil Bremens. Wer es ›gutbürgerlich‹ im besten Sinne mag, ist hier perfekt aufgehoben. Natürlich gibt es aber auch in Findorff das eine oder andere Problem.«

(Annika Mumme, *Weser-Kurier* v. 23.12.2016)

»Findorff führte lange ein Schattendasein – kein Trendstadtteil, eher ein Dorf in der Stadt mit gemischter Bevölkerung und bodenständiger Atmosphäre. Beliebteste Wohnlage ist fraglos das Weidedammviertel mit seinem großen Wochenmarkt, der dreimal pro Woche Treffpunkt für die Viertelbewohner und Pflichttermin für Hobbyköche aus ganz Bremen ist. Auch die Hemmstraße mit ihren kleinen Geschäften hat Charme.«

(aus: *Immobilienpreise und Mietspiegel: Bremen-Findorff*, *Capital* v. 31.01.2017)

Torf und Wochenmarkt aus dem Effeff

Für den Hardcore-Viertellini gibt es nur eines, das schlimmer ist als die Neustadt: Findorff. Glücklicherweise gilt dies nicht für deinen Autor, der gern dorthin radelt, vor allem, wenn mindestens die Rückfahrt durch den Bürgerpark geht. Ursprünglich als Arbeiterwohnsiedlung der Eisenbahn im 19. Jahrhundert geplant und gebaut, ist Findorff (zwei *f*s hinten) jetzt eine ruhige, durchmischte und durchaus schöne, ja, interessante Gegend, die aus einem Dornröschenschlaf erwacht ist. Das etwas spießige Image des Stadtteils, das bei alternden Ewiggestrigen im Steintor noch im Kopf ist und in den achtziger Jahren an der Uni vorherrschte, kam daher, dass es in Findorff ein Phänomen gab, das man sonst nur aus alten Universitätsstädten kannte: alleinstehende ältere Damen, die Studentinnen Zimmer anboten: ›Herrenbesuch‹ nur zu schicklicher Zeit, die alte soziale Kontrolle. Das hat sich geändert. Die Studierenden brachten Teeläden und Fahrradwerkstätten in den Stadtteil, belebten die Eisdielen, krempelten die Kneipen um. Dann bekamen sie Kinder, und die Witwen freuten sich über den erfrischenden Nachwuchs. Aber das kennst du schon – siehe Neustadt.

Mein Hauptgrund, Findorff zu lieben, ist der lebendige Findorffmarkt (Di. & Do. 8 – 13 und Sa. 8 – 14 Uhr), der parallel zur Eickedorfer Straße auf dem langen Platz zwischen Hemmstraße und Am Weidedamm (dem aufgeschütteten Hauptteil des alten Torfbassins) stattfindet. Hier treffen sich die Witwen, die Rentner, die Hunde (Wurststand!), die Fahrradfreaks, vielleicht irgendwelche Urenkelkinder der Arbeiter der Hannoverschen Eisenbahn und die jungen Familien, zusammen mit Bremern anderer Stadtteile, die die Atmosphäre genießen. Und dort gibt es internationale Käsesorten, darunter, wenn man Glück hat, einen reifen English Farmyard Cheddar. Findorff hat gute Eisdielen und Cafés sowie Kneipen mit Essmöglichkeiten. Mein Lieblingslokal: die *Lilie* (Hemmstraße 159), sogar mit Lesungen, Live-Musik und Kunstausstellungen.

Das Einzige, was Findorff fehlt, ist eine Straßenbahn, ein Thema, das immer wieder heftig diskutiert wird. Es wurde sogar vorgeschlagen – hach, die Leserbriefe –, eine Linie durch den Bürgerpark zu führen. Dabei hatte der Stadtteil einst viele Straßenbahnen: Während des Baubooms vor dem Ersten Weltkrieg, als die Fläche jenseits des Torfhafens immer weiter expandierte, fuhren gleich drei Linien dorthin. 1967 wurden aus unerklärlichen Gründen alle Linien durch Busse ersetzt. So entsteht leider für viele Bremer – und zwar nicht nur aus dem Stein- und Ostertor – der Eindruck, dass Findorff trotz einer Entfernung von nur 750 Metern Luftlinie zwischen Torfhafen und Hauptbahnhof (7 Minuten mit dem Bus) durch das große Messe-, Freimarkt- und Stadthallen-Areal irgendwie abgeschnitten ist. Schade.

Der Name des Stadtteils (ziemlich neuen Datums übrigens: 1951) geht auf den Moorkommissar Jürgen Christian Findorff zurück, der im 18. Jahrhundert das Teufelsmoor nahe Worpswede kolonisierte. Dort wurde der hochwertige Torf abgebaut und von da aus mit flachen Kähnen in die Stadt transportiert, wo er verheizt oder weiterverkauft wurde. Der Torfhafen (bzw. deren östliche Reste) bilden immer noch das Eingangstor zu Findorff. Aus ihm fließt (wenn die Bezeichnung *fließen* nicht maßlos übertrieben ist) der Torfkanal nach Nordosten ins Moor, als nordwestliche Grenze des Bürgerparks.

Die schönste, wenngleich anstrengendste Methode, nach Findorff zu kommen, wurde im vorigen Kapitel beschrieben; die praktischste allerdings sieht so aus: an den Wochentagen mit dem 26er oder 27er Bus (Am Brill, Hauptbahnhof) zur Hemmstraße fahren; dann an der Martin-Luther-Kirche die Neukirchstraße entlang Richtung Bürgerpark laufen. Da siehst du sofort den Markt, da sind auch etliche Cafés und am Ende der Straße eine Eisdiele. Wenn du dort am ehemaligen Torfhafen mit dem Cheddar im Rucksack dein Stracciatella gegessen und das Geschmolzene vom Ellbogen geleckt hast, kannst du durch die Straße Am Weidedamm ins gleichnamige Wohngebiet schlendern oder parallel zum Torfkanal und Park meilenweit wandern: viel Grün, viel Wasser, Straßen mit Autorennamen, Stadtwald. Oder: Du kannst – so wie ich, wenn ich nach Hause ins Viertel radele – in den Bürgerpark gehen und dich dort genüsslich und selbstvergessen verlaufen.

Vor 100 Jahren, genauer gesagt, zwischen 1900 und 1954, hättest du vom Bahnhof Hemmstraße mit der Schmalspurbahn, gezogen von der historischen Dampflok ›Jan Reiners‹, die jetzt in der Grünanlage an der Ecke Hemmstraße/Fürther Straße steht, nach Nordosten ins Teufelsmoor fahren können. Jetzt musst du für so einen Ausflug zum Hauptbahnhof. Von dort aus fährt an Wochenenden in den Sommermonaten als Touristen- und Ausflugsbahn der kleine rote Moorexpress. Da könntest du zum Beispiel einen Ausflug nach Worpswede machen. Oh – hat da jemand Worpswede gesagt?

»Der Moorexpress ist was Besonderes«

»Das ist der Moorexpress, Herr Kommissar. Früher fuhr er regelmäßig zwischen Osterholz-Scharmbeck und Bremervörde. Heute nur an den Wochenenden, von Mai bis Oktober, und zwar von Bremen bis Stade. Er wird vor allem von Ausflüglern genutzt. Die können auch ihre Fahrräder mitnehmen, sie werden im Ladewagen in der Mitte aufbewahrt. Meistens fahren die Leute ein Stück mit dem Rad, selten die ganze Strecke. Das ist zu weit«, führte Zugführer Behrens aus.

»Der Moorexpress ist was Besonderes. Alle hier kennen ihn. Im Sommer hören wir am Wochenende immer wieder sein Tuten«, versuchte Kruse seinem Vorgesetzten zu erklären.

»Aber wir haben jetzt Winter«, wandte Köster ein.

»Im Dezember gibt es an drei Adventswochenenden Sonderfahrten von Osterholz-Scharmbeck nach Stade zum Weihnachtsmarkt. Heute war die letzte für dieses Jahr«, erwiderte Behrens.

Kruse schrieb wieder mit. Eine kurze Pause trat ein, Köster schien nachzudenken. Schließlich nickte er und wandte sich an die Zugbegleiter. »Und was kann ich mir unter Ihrer Aufgabe vorstellen?«

»Wir kontrollieren die Tickets. Im Sommer verkaufen wir auch Fahrkarten und helfen den Leuten beim Be- und Entladen der Fahrräder«, erklärte Meyer. »Dazu bieten wir noch kalte Getränke und Foto bücher über das Teufelsmoor an. Und die Abspielgeräte für die Audioführung.«

»Audioführung?« Köster sah Meyer erstaunt an.

»Da wird einiges über den Moorexpress erzählt. Auch über die Moorbauern, wie sie früher gelebt haben, und über die Natur und Landschaft hier in der Gegend.« Gerne hätte Meyer noch mehr erzählt, aber Köster winkte ab.

(aus: Christa Picard, *Mord im Moorexpress*)

Paula? Rilke? Clara, Cato

Ich sagte Dir schon bei den letzten Sprechstunden, daß ich es als eine Gnade empfinde, jede Nacht in meinen Träumen bei Euch in Fischerhude zu sein.

(Brief von Cato Bontjes van Beek an ihre Mutter aus der Todeszelle, Berlin, 5. August 1943)

Verlage, die ein Bremen-Buch in Auftrag geben, wollen offensichtlich immer ein Worpswede-Kapitel haben, zumal das Bremennahe Dorf kürzlich seinen 800. Geburtstag feiern durfte. Bei mir war es auch nicht anders, aber ich stimmte unter einer Bedingung zu: dass ich über ein weiteres Dorf aus dem Bremer Umkreis schreiben dürfte, das ich besonders schätze und dessen Geschichte mit der Worpswedes verflochten ist. Worpswede hat eine hohe Bedeutung für alle, die sich für die europäische Kunst des frühen 20. Jahrhunderts interessieren. Es ist einfach zu viel Geschichte dort, als dass man Worpswede auslassen dürfte. Die Entwicklung Worpswedes zum Künstlerdorf ab der letzten Dekade des 19. Jahrhunderts ist weitgehend dokumentiert. *Pater familias* dieser Kolonie war Otto Modersohn, obwohl man außerhalb der deutschen Kunstliteratur kaum Notiz von ihm genommen hat. Dann ist da Heinrich Vogeler zu nennen, Held der Bremer Räterepublik, der 1942 in der stalinistischen Sowjetunion nach seiner Deportation nach Kasachstan einen erbärmlichen Hungertod fand. Zu den Highlights in Worpswede zählen das *Haus im Schluh*, die Wohnung von Martha Vogeler, mit einer Weberei sowie Bildern und verschiedenen Designobjekten (u.a. Möbeln) ihres Ex-Mannes; die Große Kunstschau, dann vor allem den *Barkenhoff*, das Haus, das Heinrich Vogeler baute und das zum Zentrum der Worpsweder Künstlerfamilie wurde. Für nicht so sehr an bildender Kunst Interessierte bietet Worpswede auch Kunst anderer Art, vor allem architektonisch: die eben genannten Häuser an und für sich, das etwas verrückte Kaffee Worpswede neben der Großen Kunstschau, zusammen mit dem Lachenden Buddha, und zu guter Letzt das Café-Restaurant des mit Originalmöbeln eingerichteten Worpsweder Bahnhofs, der von Vogeler im Jugendstil entworfen wurde.

Neben den Museen und Häusern, die der Künstlerkolonie gewidmet sind, gibt es genug Galerien mit neuen Werken. Und um das Dorf herum kann man schön wandern und spazieren.

Allerdings habe ich es nie ganz verstanden, warum so viele Bremer Sonntag für Sonntag dorthin fahren, um bloß zu bummeln und Kaffee zu trinken. (Das Eiscafé *Dolomiti* in der Hemberger Straße ist zwar ausgezeichnet, aber gute Eisdielen gibt es in Bremen wie Sand am Meer.) Mir ist Worpswede meist zu überlaufen.

Viel lieber fahre ich (mit und ohne Besuch) nach *Fischerhude*, um dort die heile, wenngleich gekünstelt heile Welt eines Bauerndorfs zu genießen, das auch seit langem Künstler beheimatet. In diesem langgestreckten, ja krokodilförmigen Dorf kann man genüsslicher und ungestörter bummeln als in Worpswede. Am Mauerwerk der Kirche sind spannende Grabsteine zu bewundern. Im Dorfkern gibt es über ein halbes Dutzend Lokalitäten, wo du, wenn es nicht gerade ein Sommersonntag ist, in aller Ruhe gut Kaffee trinken oder essen kannst – egal, ob fein oder urig. Es lohnt sich aber auch, von der Dorfmitte aus einen guten Kilometer nach Osten zu stapfen, durch das Sträßchen In der Bredenau, bis du links das *Café im Rilke-Haus* erreichst. Dort kannst du nämlich in den schnuckeligen Innenräumen sitzen, oder aber, wenn das Wetter es zulässt, besser noch im wildromantischen Garten. Aus diesem Haus In der Bredenau 81 wurde im März 1954 eine Leiche in einer von zwei schwarzen Pferden gezogenen Kutsche zum Fischerhuder Friedhof gebracht. Die 76-jährige Verstorbene trug den etwas trügerischen Familienamen des heutigen Cafés; sie war Clara, bekannt als die Witwe des Dichters Rainer Maria Rilke, wie die meisten Nachrufe damals betonten. Dass dieses Haus aber auch das Wohnhaus – in dem Rilke nie gewohnt hat – und das Atelier einer großen Bildhauerin und Malerin war, erzählt eine andere Geschichte.

Zurück nach Worpswede. Für mich sind die persönlichen Geschichten im künstlerischen Schmelztiegel das einzig wirklich Spannende an dem Dorf, vor allem das Verhältnis zwischen Rainer Maria Rilke, Paula Modersohn-Becker und Clara Rilke-Westhoff, eine »Dreiecksgeschichte von Liebe, Freundschaft, Enttäuschung und Wiederannäherung«, die von Worpswede über Berlin bis nach Paris reichte. Die beiden Künstler aus dem Dorf, die national und international als Prominenteste überlebt haben und überleben werden, sind natürlich Modersohn-Becker und Rilke – auch wenn Worpswede für letzteren nur ein Zwischenstopp in seinem künstlerischen Nomadenleben war und Fischerhude bloß der Wohnort der von ihm getrennten Frau und Tochter. In der Oberstufe in Belfast gehörte Rilke zu meinen deutschen Lieblingsdichtern; den Panther konnte ich auswendig. Daher war es für mich ernüchternd, als ich in Bremen erfuhr, dass er als Schmarotzer, Schleimer, Schürzenjäger und überhaupt als ziemlicher Schurke galt.

Die Verhältnisse in der Worpsweder Familie waren eng und kompliziert. Paula Becker schenkte ihrem Verlobten Otto zu Weihnachten 1900 ein Foto von sich, ihm und ihrer besten Freundin mit der Unterschrift: »Ich und du und du und ich und Clara Westhoff auch dazu«. Sie war zu jener Zeit mit Clara und ihrem »teuren Freund Rilke« in Berlin. Auf Rilke, das »Rilkchen«, wie er den Dichter einmal nannte, war Otto ohne Grund eifersüchtig, denn für Paula Becker war jener wirklich nicht mehr als ein guter Freund. Umgekehrt war es nicht so einfach, denn Rilke umschwärmte Paula womöglich mehr als Clara.

Paula – inzwischen norddeutscher Kunstkult und meistens nur mit Vornamen genannt – liegt auf dem Worpsweder Friedhof begraben, wohin viele Bewunderer gerne pilgern. Das Grabdenkmal ›Die sterbende Mutter‹, das der Bildhauer Bernhard Hoetger (Gestalter der Bremer Böttcherstraße, des Kaffee Worpswede und des Lachenden Buddhas) ihr dort errichtet hat, halten manche für den reinsten Kitsch. Das moderne Bremen hat die Malerin Paula Modersohn-Becker gewissermaßen gekapert, obwohl sie als Künstlerin – abgesehen von Ludwig Roselius' Mäzenatentum – kaum etwas mit der Stadt zu tun hatte. Sie kam mit zwölf Jahren von Dresden in die Hansestadt und verließ diese bereits mit zwanzig wieder, wobei sie auch in der Zwischenzeit (ab ihrem sechzehnten Lebensjahr) andernorts unterwegs war: in England, Berlin, Norwegen, Worpswede. Wen es interessiert, kann das Wohnhaus der Familie Becker in der Schwachhauser Heerstraße 29 besuchen. Allerdings: Zu behaupten, es sei das Haus, »in dem sie einen großen Teil ihres Lebens verbrachte« (Wikipedia), ist ein bisschen kühn. Mitten in der Touristenautobahn Böttcherstraße steht das Paula Modersohn-Becker Museum, »das weltweit erste Museum für eine Malerin«, das ständig spannende Ausstellungen und andere Veranstaltungen sowie eine große Auswahl ihrer Werke bietet.

Im zuvor genannten »Dreieck« steht Clara Westhoff, beste Freundin Modersohn-Beckers und später Rilkes Frau, etwas im Schatten der beiden anderen, obwohl auch sie eine große Künstlerin war. Schon über die erste Begegnung mit Clara, bei der sie die junge Bildhauerin im Atelier von Fritz Mackensen bei der Arbeit beobachtete, schrieb Paula Becker über ihren starken Eindruck von ihr und ihren Wunsch, sie als Freundin zu haben.

Was die beiden jungen Frauen freundschaftlich verband, war ein gemeinsames Streben nach einer Freiheit, die nicht nur eine künstlerische war, sondern eine, die die gesellschaftliche Rolle der Frau infrage stellte. Es ist eine bittere Ironie, dass Modersohn-Becker und ihr Mann der frisch verheirateten Clara vorwarfen, sie würde sich ihrem dichtenden Ehemann zu sehr unterwerfen und so perfekt in der Rolle der Hausfrau aufgehen, Paula selbst jedoch ein paar Jahre später (künstlerisch emanzipiert) aus Paris zu ihrem Otto zurückkehrte, weil sie glaubte, ihrer Rolle als Ehefrau nicht gerecht geworden zu sein, um schließlich im Kindbett zu sterben. (Ihre letzten Worte: »Ach, wie schade.«)

Das Verhältnis zwischen den beiden Mädchen – so haben sie sich selber bezeichnet – sprudelte vor künstlerischer und sonstiger Energie: Das zeigt ihr gemeinsames Nacktbaden, auch das nackte Mondlichtbaden, und wie sie im August 1900 den Worpsweder Kirchturm bestiegen und die Glocken läuteten. Dies brachte nicht nur die Bauersleute durcheinander (»Wo es brenne, will man wissen«), sondern jeder der beiden ein Strafgeld von 100 Mark ein. Beim ersten gemeinsamen Aufenthalt im Jahr 1900 in Paris waren sie scheinbar unzertrennlich. Die Abkühlung der Beziehung nach Claras Heirat bedeutete für Paula eine lange Qual. 1902 schrieb sie in einem Brief an Rilkes Frau, wie sehr sie sich nach der alten Freundschaft sehnte.

Im Gegensatz zu Paula Becker war Clara Westhoff eine waschechte Bremerin, aufgewachsen direkt neben dem Marktplatz, in der damals mit Fachwerkhäusern gesäumten und heute mit Hotels gepflasterten Wachtstraße, sowie in Oberneuland, wo sie die Sommer verbrachte. Anders als Paula musste sie, obwohl gleichfalls Tochter einer großen Kaufmannsfamilie, nicht um das Recht auf künstlerische Entfaltung kämpfen, da ihre Eltern beide künstlerisch begabt waren und ihr Projekt wohlwollend unterstützten. Im Sommerhaus in Oberneuland genoss sie naturverbundene Freiheit sowie viel Bewegung: Mit 15 durfte sie sogar ein Jahr lang allein dort wohnen. Mit 17 schrieb sie 1896 stolz an ihre Mutter aus München: »Jetzt bin ich ein richtiges Malweib geworden.« Eindeutig hier die Ironie gegenüber diesem damals gängigen Schimpfwort.

Als Beweis für ihre seit einem Jahrhundert unterschätzte künstlerische Leistung braucht man keinen anderen als Auguste Rodin als Zeugen aufzurufen, bei dem sie studiert hat, während ihr Ehemann Rainer Maria lediglich dessen Privatsekretär war. Rodin schrieb ihr 1905 per Telegramm zum Lob ihrer Arbeiten: »Es gibt nicht viele Bildhauer, die das können.« Somit stellt er sie in eine Reihe mit anderen Bildhauerinnen wie Camille Claudel oder Käthe Kollwitz.

Als währender Beleg für die enge Verbindung zwischen den beiden Künstlerinnen steht Westhoffs klare, ausdrucksstarke Büste ihrer Freundin am Paula-Modersohn-Becker-Steg zwischen der Bremer Kunsthalle und dem Theater am Goetheplatz. (Clara Westhoff hätte übrigens auch eine solche Erinnerungsstätte an unserer Kunstmeile verdient). Rilkes Requiem für eine Freundin (Paula) indessen kann man als impliziten Vorwurf an die Künstlerin lesen, nämlich, dass alles anders gekommen wäre, wenn Becker Modersohn nicht geheiratet hätte: »So starbst du, wie die Frauen früher starben, / altmodisch starbst du in dem warmen Hause / den Tod der Wöchnerinnen …«

Fischerhude war auch die Heimat der Keramikerin Cato Bontjes van Beek, Tochter einer Tänzerin und eines Keramikers und Nichte von Otto Modersohn. In Berlin, wo sie in der Werkstatt ihres Vaters arbeitete, kam sie in Kontakt zu osteuropäischen »Zwangsarbeitern«, dann zu Widerstandsgruppen. Zusammen mit ihrem Freund Heinz Strelow verfasste sie Flugblätter wie diese:

> Straft die SS mit Verachtung! Laßt es sie fühlen, daß das Volk Mörder und Spitzel aus tiefster Seele verabscheut! Hört endlich auf mit dem Unfug, Winterhilfsabzeichen zu sammeln! Jeder Groschen, jede Hilfeleistung an das herrschende Regime, verlängert den Krieg und führt uns alle nur noch tiefer ins Elend! Schluß mit Gedankenlosigkeit und Gefühlsduselei.
>
> (aus: *Flugblatt »AGIS«*)

Derentwegen wurde sie 1942 von der Gestapo verhaftet und im August 1943 mit nur 22 Jahren wegen »Hochverrat und Feindbegünstigung« durch die Guillotine hingerichtet. »Schade, dass ich nichts auf der Welt lasse als die Erinnerung an mich«, schrieb sie einmal aus der Zelle am Alexanderplatz. Sie war aktives Mitglied der Fischerhuder Kirchengemeinde; der Weg entlang der Grabsteinmauer an der Liebfrauenkirche mitten im Dorf trägt ihren Namen. Am 10. Mai 1943 schickte der Kirchenvorstand ein mutiges Gnadengesuch für sie nach Berlin. Unweit des Grabes ihrer Freundin Clara Rilke-Westhoff erinnert ein Gedenkstein an Cato, aber nicht im Kirchhof, wo die besuchenswerten Gräber alle sehr alt sind, sondern ganz hinten links bei der Familiengrabstätte im Fischerhuder Friedhof in der Molkereistraße. Ein Grab sucht man vergeblich, denn nach der Enthauptung wurde Catos Leiche dem Anatomischen und Anatomisch-Biologischen Institut als »Werkstoff« überlassen. Trotz des Altersunterschieds waren die beiden Frauen enge Freundinnen. Beim Abschied nach Berlin hatte Bontjes van Beek Westhoff versprochen, sie beim nächsten Heimataufenthalt zu besuchen. Keine konnte wissen, dass diese Rückreise nach Fischerhude nie zustande kommen würde. Die Nachricht von der Hinrichtung ihrer jungen Freundin erschütterte Clara Westhoff zutiefst und stürzte sie – nach dem noch nicht lange zurückliegenden Tod Otto Modersohns sowie dessen Sohns Ulrich Modersohn an der Ostfront – in eine große Depression.

Am Ende dieser Geschichte sitze ich im Garten des *Cafés im Rilke-Haus* in Fischerhude. Trotz des Hausspruches, der vom Dichter stammt (»Da vieles fiel, fing Zuversicht mich an, die Zukunft gebe, dass ich darf, ich kann!«), gilt der Name des Hauses nicht dem, sondern der Rilke, also Clara Westhoff, die viele Jahre nach der Trennung von ihrem »Rilkchen« mit Tochter Ruth hier einzog. Das Haus wurde bestimmt nicht mit Rilke-Geld, dieser äußerst raren Ware, sondern sicherlich mit der Unterstützung der Westhoff-Eltern gebaut. Laut Wikipedia war Rainer Maria »offenbar nicht für ein bürgerliches Familienleben geschaffen«. Schwamm drüber. Den Panther liebe ich immer noch.

Ich habe ein Stück Apfelkuchen (»ohne Sahne, bitte«) und den unbedingt dazu gehörigen Becher Westhoff-Kaffee aus Bremen bestellt und beobachte einen lauernden Fischreiher auf dem kleinen Steg am Ufer des friedlichen Gewässers, das hier im Haus als Wümme gilt, in Wirklichkeit aber ein ausgehobener Be- und Entwässerungsgraben mit der nicht so romantischen amtssprachlichen Bezeichnung Ableiter 90 83 83 a ist. Der Reiher und ich sind aus unterschiedlichen Gründen bewegungslos und schweigsam. Ich mache die Augen zu und stelle mir vor, dass ich aus dem 20 Kilometer Luftlinie entfernten Worpswede mitten am Nachmittag und elf Minuten nach der vollen Stunde höre, wie die Glocken der Zionskirche aus der Reihe tanzen.

Im Hafen – gehabt zu haben

Für Heinrich Heine war 1826 die Stadt Bremen selbst der Hafen, auch wenn die Stürme, die der Dichter hier durchstehen musste, genauso viel mit enttäuschter Liebe wie mit der Nordsee zu tun hatten …

> Glücklich der Mann, der den Hafen erreicht hat,
> Und hinter sich ließ das Meer und die Stürme,
>
> Und jetzo warm und ruhig sitzt
> Im guten Ratskeller zu Bremen.

(aus: Heinrich Heine, *Im Hafen*)

Jahrhundertelang hatte Bremen einen Hafen. Was ist daraus geworden?

Die Sprache des Hafens

Was ist die Sprache des Hafens wirklich? Gibt es sie überhaupt? – Ja. Eine eigenartige Mischung aus Hochdeutsch und Platt, missingsch vermengt und gesprochen, und dabei bunt durchwoben mit Bordausdrücken und falsch aufgeschnappten Fremdsprachenbrocken, zumeist englisch, und und ...

Über Seemannsbräuche und Seefahrtbegriffe gibt es schon umfangreiche Abhandlungen. Die brauchen hier nicht wiederholt und erläutert zu werden. Um das Besondere des Hafens soll es gehen, um die dort arbeitenden Menschen und ihre Gewohnheiten. Natürlich müssen dabei manche Wörter verständlich »übersetzt« werden, damit Quittjes und Bickbeernschweizer (das sind Auswärtige, Zugereiste und Hafenbesucher) sie auch verstehen können. [...]

»Du, Heini, hör mol to!« – das klingt vertraut. Wenn aber einer sagt: »Sie Heini, Sie! ...«, dann wird das als echte Beleidigung empfunden. Es kommt eben doch auf Tonart und Zungenschlag an. Ist einer jünger als man selbst, muss er sich gefallen lassen, als Schnösel, Schnodder oder Jungkierl angesprochen zu werden.

(aus: Ernst B.R.R.Dünnbier, *Auf gut bremisch*)

Im Westen was Neues | die Überseestadt

Auch wenn das *Land* Bremen immerhin noch das viertgrößte Hafengebiet Europas aufbieten kann, hat der Hafen der *Stadt* Bremen in der letzten Generation immens an Bedeutung verloren. Das liegt zum Teil an der Dominanz des großen Nachbarn Hamburg mit seiner Tiefwasser-Elbe, wo die ganz großen Wasserfahrzeuge noch direkt in die Stadt fahren können, aber auch am Trend zum Container und zu immer größeren Schiffen, was den internationalen Verkehr weitgehend nach Bremerhaven, Cuxhaven und Wilhelmshaven verlegt hat. Die Exportautos, die in Stuttgart, Bochum, Wolfsburg und sogar in Bremen-Sebaldsbrück (Mercedes-Benz) gebaut werden, werden alle mit dem Zug nach Bremerhaven transportiert, um dort aufs Schiff zu rollen. Das Importobst wird auf Lkws in die entgegengesetzte Richtung nach Bremen befördert. So wurden ab den 1970er Jahren immer mehr Flächen im geschlossenen Hafengebiet Bremens frei, immer mehr lag brach. Der Bremer Senat musste handeln.

Zusammen mit *eigentlich* ist *zwar* mein Lieblingswort in der deutschen Sprache, denn wenn man *zwar* hört, wartet man voller Spannung auf das irgendwann und unweigerlich folgende *aber*. Der nächste Absatz besteht aus einem einzigen gigantischen *zwar*:

In den neueren Stadtführern wird die Überseestadt als Zukunft Bremens angepriesen – diese Mischung aus vergangenem maritimem Flair, kreativen Industrien, Gastronomie und neuen Wohnungen, wo Sozialbau nicht allzu weit weg von den Maseratis der Werder-Spieler liegt. Der Sozialbau ist jedoch noch nicht richtig in Gang gekommen, im Gegensatz zu den gelegentlich herumstehenden Maseratis (allerdings sind die Werder-Spieler vertraglich verpflichtet, in gestifteten Autos des Herstellers aus Wolfsburg zum Training zu erscheinen). Eine Buslinie – die 20 – schlängelt sich in gefühlt riesigen Abständen (ungefühlt: alle 30 Minuten) durch die Gegend, und der einzige Spielplatz bei den neueren Wohnungen an der Europahafenpromenade ist meistens kinderleer. Der

Skatepark im neuen, schön gestalteten Überseepark wird von den Kids aus dem alten Hafenarbeiter- und inzwischen buntgemischten Wohnviertel Walle genutzt. Ich bringe meinen Besuch nicht mehr zum Europahafen; nicht nur, weil es dort öfter windig ist und die meisten Neubauten an der Hafenkante monotone Kisten sind, sondern weil das Ganze am Vergleich zur organisch gewachsenen, architektonisch abwechslungsreichen Hafencity Hamburgs den Kürzeren zieht. Selbst eine Buchhandlung, die dort mit großen Hoffnungen gegründet wurde, ist inzwischen ins alte Walle umgezogen, und die Gastronomie lebt hauptsächlich (mittags) von den Angestellten der vielen Firmen drum herum. *Aber …*

Speicher statt Speicherstadt

Bescheidenheit war immer Bremens große Stärke. Als Symbol für den Abstieg des Hafens und die dadurch notwendige wirtschaftliche Umstrukturierung Bremens steht das Areal um den Speicher XI. Diese architektonische Perle aus dem Jahr 1911 mit einer Länge von über 400 Metern beheimatet heute eine Sammlung von kreativen Industrien, vor allem aber die Hochschule für Künste. Um hinzukommen, fährst du mit der Linie 3 Richtung Gröpelingen, Haltestelle Waller Ring, und nimmst den Fußweg (Waller Stieg) nach Südwesten über den Deich. In den meisten Monaten musst du nur den Kunststudierenden folgen.

Aber bevor du zum Speicher XI gelangst, gibt es noch mehr zu sehen. Da, wo die Bahn in der Nordstraße anhält, war früher das Kneipen- und Rotlichtviertel für den Hafen, das früher ›Die Küste‹ hieß. Übrig geblieben ist nur eine Handvoll gemütlich-zweifelhafter Bars, darunter der *Elefant* (Nordstraße 365) und das *Krokodil* (drei Türen weiter in der Nr. 371), die ich schon an anderer Stelle erwähnt habe (➢ *Die Drei | eine Perlenkette von Straßenbahn*, S. 32). Nachdem du die ersten Eisenbahnschienen überquert hast, sind zwei Gaststätten bemerkenswert, die am Wasser liegen. Gleich links kommt die *Feuerwache*, Werbespruch: *Italienische Küche. Terrasse. Schiffe.* Das Lokal befindet sich, wie der Name andeutet, in der Alten Feuerwache 5 am Holzhafen, einem Gebäude, in dem auch das Zollamt untergebracht war. Der Ausblick auf das Hafenbecken (übrigens nach Westen: Sonnenuntergang!) ist sehr schön und das Essen vorzüglich.

Schräg gegenüber befindet sich ein Stück Hafenkultgeschichte, von Bild Bremen genau richtig beschrieben: »Eines der letzten Relikte aus der Zeit, als es in den Stadtbremischen Häfen noch brummte: das Hafencasino Trucker Stop am Holzhafen in der Überseestadt«. Hier sind die Speisen ganz anders und erheblich preiswerter: Bratwurst, Bratkartoffeln. Auch das Bier ist billiger als sonst und die Auswahl der Spirituosen scheinbar unbegrenzt. Als im Rahmen der ›Verschönerung‹ des alten Hafengebiets das Hafencasino entfernt werden sollte, leisteten die Lkw-Fahrer, die dort immer günstig gegessen hatten, Widerstand, und der damalige (radelnde) Bürgermeister, offensichtlich auch ein Fan, intervenierte persönlich. Nun teilen die restlichen Großmarkt-Trucker ihren Stop und ihre Bratkartoffeln mit den Studis aus der HFK.

Ein paar Meter weiter nach Südwesten durch die Cuxhavener Straße sieht man schon den nicht so ansehnlichen Rücken von Speicher XI. Erst von vorne erstrahlt die alte Stätte in voller Schönheit. Es lohnt sich, in die verschiedenen Büros und Geschäfte reinzuschnuppern, vor allem aber kurz in den Empfangsbereich der Hochschule zu gehen – auch wenn ein Pförtner am Tresen fragt: Kann ich Ihnen helfen? und vielleicht etwas ganz anderes meint.

Trotzdem ist der Speicher zum Symbol für ein unglückliches Umkrempeln des Hafens geworden; sein eigentlicher Charakter wurde ausradiert, denn direkt vor dem Gebäude gibt es kein Wasser – was man bei einem Hafenspeicher eigentlich erwarten dürfte. Wo früher der Überseehafen war, steht nun der neue Großmarkt (Blumen, Obst, Gemüse, Frischeprodukte und andere Lebensmittel); ein Beispiel für eine alles andere als gelungene Stadtplanung. Schon lange, bevor eine fantasievolle Perestroika Bremen in ein offenes industrielles Freilichtmuseum umwandeln sollte, hatte der Senat 1998 beschlossen, den redundanten Überseehafen einfach zuzuschütten und zu bebauen. So war es jahrelang möglich, in den gedruckten Fahrradführern der Stadt den Satz zu lesen: »Jetzt stehen Sie vor dem Überseehafen« und dabei auf eine sandige Baustelle zu schauen. Inzwischen wird die Zuschüttung des Überseehafens als Geburtsstunde der neuen Überseestadt angepriesen. Doch dem ist nicht so. Wenn das damals so geplant gewesen wäre, hätten sie dieses Becken genauso nass und attraktiv-freizeitlich gelassen wie im Europahafen. Dass der Klinkerbau einmal ein Hafenspeicher war, bezeugen nur noch die Bahnschienen, die früher am Kai entlangliefen und jetzt neben dem langen Parkplatz brachliegen. Von der architektonischen Bewunderung für den Speicher abgesehen ist das Hafenmuseum mit seiner Dauerausstellung zur Hafengeschichte sowie ständig wechselnden Sonderausstellungen, Führungen, Spaziergängen und Schiffstouren höchst interessant – sogar für Besucher aus Hamburg, die, von ihrer eigenen wunderschönen Speicherstadt verwöhnt, Speicher XI für eine Art Legolandimitat halten mögen.

Geschichte riechen | das Hafenmuseum

Ein besonderer Reiz des Hafenmuseums ist, dass es dort steht, wo sein thematischer Gegenstand beheimatet war. Trotz des fehlenden Hafenbeckens ist dir bewusst, dass die Arbeitsprozesse, die hier dokumentiert werden, auch *hier* stattfanden. Die Wasserpegeluhr vor dem Eingang, neben der Außenterrasse des Restaurants, stand ursprünglich nur ein paar Meter entfernt. Sobald du durch die Tür kommst, betrittst du in das alte bremisch-maritime Ambiente. Ganz am Anfang steht die Stadt Bremen als riesiges begehbares Bild, wo jedes Kind gefragt wird: »Kannst du finden, wo du wohnst?« Auf der Treppe liegen um die 500 Kaffeesäcke. Und Baumwolle, Reis, Tee, Mais, Kakao …

Mit seinem interaktiven Ansatz und seinen innovativen Ideen ist das Hafenmuseum ideal für Besuche mit Kindern und Jugendlichen (freier Eintritt!). Ja, ich muss gestehen, es ist mein Lieblingsmuseum in der Stadt. Neulich wurde ich von einem Zeitungsartikel verblüfft, in dem stand, dass es *nicht* zu den neun meistbesuchten Museen Bremens gehört. Schade. Also hingehen und weiterempfehlen.

Die technologischen und wirtschaftshistorischen Schwerpunkte des Museums sind beeindruckend: Wachstum des Hafenbereichs über mehr als ein Jahrhundert, Weserkorrektion. Was mir am besten gefällt, ist die Betonung der *Arbeit*. So wird eine menschliche Dimension, die das Museum prägt, aufrechterhalten. Ein Thema mit Dauerpräsenz ist Zwangsarbeit im Hafen während der NS-Zeit.

Das Museum wirbt für sich mit dem Motto *Hafengeschichte zum Anfassen* – und das stimmt. Versuch mal, einen Kaffeesack mit den Händen oder dem rauen Tau hochzuhieven, oder schieb mal eine volle Handkarre. Aber für mich ist der Höhepunkt das Geruchsquiz, bei dem du die verschiedenen Handelswaren durch Riechen erkennen musst (Kaffee ist am leichtesten). Noch Tage später beim Schreiben dieser Zeilen dringt der modrige Geruch von Kakaobohnen durch meinen Kopf. Wenn ich sechs Tage in der Woche das süßliche Zeug hätte herumschleppen müssen, hätte ich Schokolade nie runtergekriegt – aber ich hätte sie mir damals sowieso nur sehr selten leisten können. Und auch der Gedanke, nach der Schicht mit dem Geruch von Fischmehl in der Nase und in den Kleidern nach Hause zu gehen, erzeugt einen Würgereiz. Neben den Säcken gab es Kisten in allen Größen und Netze voller Öl und Sherry. Kein Wunder, dass die Arbeiter der Bremer Räterepublik 1919 einen Acht-Stunden-Tag (für sechs Tage die Woche übrigens) verlangten.

Neben der Dauerausstellung gibt es spannende und durchaus kritische Sonderausstellungen. Ein interessantes Beispiel während meines letzten Besuchs: *Wie war das damals für Opa und Oma als Gastarbeiter?*

In der oberen Etage finde ich Ruhe. Der Ausstellungsraum ist heute Nachmittag leer, ich setze mich auf eine niedrige Fensterbank, die Sonne im Rücken. Ich mache die Augen zu und fahre wieder einmal die Antennen meines historischen Vorstellungsvermögens aus. Bald höre ich den Soundtrack der Geschichte: halbe Sätze, Kommandos, den staubigen Husten, die Flüche. Ich spüre, wie dunkle Schatten an mir vorbeihuschen, ich taste nach Gespenstern, ich rieche die Baumwolle in den Karren. Als ich jedoch den Geruch von Kakaobohnen wahrnehme, stehe ich rasch auf und entscheide mich für mein eigenes bequemes, privilegiertes Zeitalter. Stimuliert von den vielfältigen altbremischen Gerüchen, zu denen auch der Kaffee gehört, gönne ich mir eine Tasse im feinen Restaurant-Café *Port* unten. Dort wird man mit Kuchen- und Tortensorten verwöhnt, die bei ArBiS in den Werkstätten des Sozialwerks der Freien Christengemeinde Bremen e.V. gebacken werden. Diese Werkstätten stehen »allen psychisch kranken Menschen offen, die weder auf dem allgemeinen Arbeitsmarkt noch in einer Werkstatt für behinderte Menschen einen geeigneten Beschäftigungsplatz finden können.« Die Kuchen und Torten werden mit gutem Kaffee und einer großen Auswahl von Blätterteesorten serviert. Gute Sache, guter Geschmack, guter Geruch.

Die gläserne Rösterei | zu Lloyd Caffee

Auf dem Weg vom Hafenmuseum zurück zur Haltestelle Waller Ring kannst du einen zusätzlichen Spaziergang unternehmen, um eine weitere und scheinbar gut versteckte Sehenswürdigkeit zu erkunden, für die ich an dieser Stelle gern die Rösttrommel rühren möchte. Der Weg dorthin ist lang (ca. 800 Meter), ungemütlich und anstrengend, aber er lohnt sich. Wirklich.

Direkt nach dem Hafencasino *Trucker Stop*, dem Holzhafen und der Feuerwache geht es kurz vor dem Bahnübergang nach links in die Straße mit dem programmatischen Namen Fabrikenufer, die eine ganz interessante Auswahl an Architektur bietet. Der Straßenbelag weist eine ungemütliche Mischung aus Asphalt mit Macken, launenhaftem Kopfsteinpflaster und Bahnschienen auf. Hier wähnst du dich sofort und zu recht mitten in einem richtig funktionierenden Hafengebiet. Rechts Speicher und Lagerhallen aus verschiedenen Jahrzehnten, dann die große Roland-Mühle, die im Februar 1979 durch eine Mehlstaub-Explosion vernichtet wurde, die schwerste Detonation, die Bremen nach dem Krieg erlebte. Dabei starben im flammenden Inferno vierzehn Arbeiter in der Spätschicht, siebzehn wurden verletzt. Dann immer weiter: links und rechts parkende und/oder unerwartet startende Lkws und Unmengen von Containern, und links die großen Kräne. Du musst dich schon vor beladenen Lkws und echten, quer fahrenden Güterzügen hüten. Am Hansa-Lagerhaus und immer mehr Röhren und Brücken vorbei über die Straße. Skeptische Arbeiterblicke, die wissen, wo du hin willst. An J. Müller Weser vorbei (»Von Getreide und Kaffee bis *heavy lifts* und Industrieanlagen«) Dann kommen nur noch Container auf beiden Seiten. Wo in aller Welt kann hier ein Café sein? Zwei Wege führen nach Rom: An der Rigaerstraße bzw. am Sirius Business Park Holzhafen kannst du entweder einen Schlenker nach rechts machen und den Bahnschienen folgen oder links von den Containern gehen. Die Frage ist, ob es besser ist, von einem Güterzug oder einem gelegentlich auftauchenden Touristenbus mit fremdem, weitgereistem Nummernschild überfahren zu werden. Diese bergen nämlich eine zusätzliche Gefahr, denn wer glaubt, dass hier keine Touristen anzutreffen seien, täuscht sich. *Lloyd Caffee* – denn so heißt das Ziel des Spaziergangs – ist nur *scheinbar* versteckt …

Aber es lohnt sich.

Wenn dich so ein Bus überholt, hast du Pech gehabt, denn wenn du dann ankommst, ist das Café von Lloyd pickepacke voll. Der Tourist-an-sich läuft nämlich nicht die 800 Meter, die du hinter dich gebracht hast. Und der Feld-Wald-und-Wiesen-Bustourist-an-sich weiß, dass es hier außergewöhnlichen Kaffee gibt, der an Ort und Stelle geröstet wurde. Der Tee ist auch exquisit, Cookies und Kuchen gleichfalls. Für Kaffeeinteressierte gibt es dort, bei Anmeldung, sehr spannende Kaffeeseminare.

Aber nicht nur deswegen lohnt sich der Besuch:

Das *Lloyd Caffee* steht an der Ecke der Hagstraße, ein Name, der vielleicht andere Kaffee-Gedanken weckt, und die kleine Rösterei befindet sich in der Tat in einer Hälfte der ehemaligen Kaffee-HAG-Fabrik. Das Haus ist durch einen Übergang im zweiten Stock mit jenem Klinkerbau verbunden, der als Kaba-Werk bekannt ist. Bis zur Übernahme durch Jacobs-Douwe Egberts-Mondelēz (alles Kraft Foods) wurden hier der »Plantagentrank« und der erste entkoffeinierte Kaffee der Welt hergestellt.

Die Firma hat eine doppelte Verbindung zur englischen Literatur. Als Ludwig Roselius seine Böttcherstraße bauen ließ, stellte er ausgerechnet im Robinson-Crusoe-Haus die Farbglas-Werbung für sein berühmtes Produkt auf: »Kaffee HAG schont Herz und Nerven, gibt Ruhe«. Außerdem fing in den 1970er Jahren Kaba (kommt ursprünglich von Kakao- und Bananenpulver) an, mit den Figuren aus Rudyard Kiplings *Das Dschungelbuch* zu werben.

Hinter dem Café, nahezu versteckt im Eingangsbereich der Toiletten, findest du den 1914 erbauten *Marmorsaal*. Das war die ehemalige Empfangshalle (auch *dining room* genannt) der Firma Kaffee HAG. Hier sind nicht nur interessante Vitrinen mit der Firmengeschichte zu bewundern, sondern vor allem die mit weißem Carrara-Marmor verfliesten Wände und Säulen. Der Saal ist eigentlich nur geöffnet, wenn Kaffeeseminare im Café stattfinden, aber manchmal …

Das Café der Lloyd Rösterei ist also eine zauberhafte Oase, in der du vergisst, dass du nachher in den wuseligen Hafenbereich zurück musst. Allerdings musst du nicht denselben holperig-stolperigen, gefährlichen Weg zurück. Die kürzere, wenn nicht sogar schönere Alternative heißt: Weiter in die Hagstraße hinein, dann rechts in die Cuxhavener, hinter den ganzen Betrieben vorbei, die du von vorn gesehen hast. Dann nach 350 Meter links in die Emderstraße, wo die Linie 3 gleich kommen wird, um dich zurück in die Stadt zu bringen. So ersparst du dir eine Haltestellenlänge Fußmarsch. Wenn du hier einen Touristen triffst, der dieses Buch nicht gelesen hat, gibt mein Verlag einen aus.

Übrigens: Auf dem Heimweg kann der skeptische Tramsurfer an der Haltestelle Konsul-Smidt-Straße aussteigen und nach rechts zum Überseehafen hinübergehen, um zu überprüfen, ob das Urteil seines Autors gerecht ausgefallen ist …

Pracht & Revolution | der Waller Friedhof

Ruhet in Frieden – RIP. Das wünschen wir traditionsgemäß unseren Toten. Aber Friedhöfe bieten auch uns Lebenden Ruhe und Frieden, auch wenn wir nicht zum Trauern dort sind. Der in den 1870er Jahren angelegte Waller Friedhof – so heißt auch die Haltestelle – ist einer der schönsten und geschichtsträchtigsten Orte Bremens. Zusammen mit dem benachbarten Waller Park bildet er im dicht besiedelten Westen eine grüne Lunge, eine Oase, die ungefähr einem Drittel des Bürgerparks entspricht. Wie alle Friedhöfe bietet er – allein durch den atemberaubenden Baumbestand – die passende Aura für einen beschaulichen Spaziergang, aber er birgt auch viel Bremer Geschichte der letzten 150 Jahren, und zwar über das alte Dorf Walle hinaus. Gräber Bremer Persönlichkeiten gibt es zuhauf: Bürgermeister, Senatoren, Theologen, Kaufmannsfamilien, Werftdirektoren, Journalisten. Hier liegt Wilhelm Benque, Architekt des Bürgerparks, der auch an der Erweiterung des Waller Friedhofs beteiligt war. Unter den pompösesten Denkmälern ist sicherlich das Mausoleum Knoop (mit Christus-Statue!), 1879 von dem Kaufmann Baron Ludwig Knoop ›errichtet‹ – dem von Knoops Park in Bremen-Nord. Bremen ist immer noch voller Knoops; wie viele von ihnen hier noch bestattet werden sollten, bleibt ein Rätsel. Für kunstinteressierte Nicht-Bremer mag besonders das Grab des Malers Fritz Overbeck von Interesse sein. Hinzu kommen die Ehrenanlagen für Soldaten des Ersten Weltkrieges und die Bombenopfer des Zweiten Weltkrieges.

1922 ließ die Stadt für die Verteidiger der Bremer Räterepublik (Januar/Februar 1919) von Bernhard Hoetger (dem von der Böttcherstraße) ein modernistisches Monument mit dem Titel Pietà erbauen, das eine Mutter mit ihrem getöteten Sohn darstellte. Es wurde von den Nazis in den ersten Wochen nach deren Machtübernahme zerstört. Das jetzige Denkmal des Bremer Künstlers Georg Arfmann wurde 1972 errichtet und ist im Februar jeden Jahres Schauplatz einer Gedächtnisfeier. Eine Gedenktafel mit einer Abbildung der Pietà ist dort ebenfalls zu sehen.

Auch für die ›Gefallenen‹ der konterrevolutionären Truppen, die die Räterepublik so brutal (und militärisch einseitig) niederschlugen, gibt es seit 1922 ein dreieckiges Mahnmal aus Ziegelsteinen. Es lohnt sich aber nicht, danach Ausschau zu halten.

»Wer suchet, der findet.« Auch die Gräber der kleinen Leute sind einen Blick wert. Oftmals verweisen Bilder auf die Berufe der Toten, erzählen ein Stück Alltagsgeschichte. Doch suche nicht zu lange. Schau dich um, ob du eine Bank findest, vielleicht zwischen dem Räterepublik-Denkmal und dem Wasser. Setz dich und schau aufs Wasser – es gibt kaum etwas Beruhigenderes.

Arbeitsmann

Ich kann es ja nicht aushalten in dem Schulkäfig, auch nicht in der Lehre. Ich will bloß Maschinen sehen und Schiffe und Schmiedefeuer und will immer mitten dazwischen sein. Ich kenne den Hafen wie meine Westentasche, und die Fabriken erkenne ich am Pfeifen.
Ich hab mich oft mit Hermann Freese über die Signale gestritten, ob sie von einem Schlepper sind oder von einem Überseedampfer oder von einer Fabrik.
Vielleicht fange ich im Hafen an, in den Lagerschuppen nehmen sie ja auch Jungens.
Wenn ich in eine Fabrik will, kann ich mir allein in der Spinnereistraße drei aussuchen.
Da ist es zwölf gewesen, und das Pfeifen ist losgegangen. Erst die Wollkämmerei, tief und brummig und so dick, wie aus dem großen Schlauch der Feuerwehr. Gleich danach die Kistenfabrik, die tutet, als wenn sie die Schwindsucht hat. Dann die Großwäscherei von Heyle; sie gibt nur ein kurzes Signal für die halbe Stunde Mittag, weil sie durcharbeiten.
Am durchdringendsten pfeift die Tabakfabrik von Gebrüder Lindemann. Sie ist auch am pünktlichsten, und die Leute stellen die Uhren danach.
Hermann Freese, Willi Römer und Jonni Heuermann sind von der Schule gekommen und haben mich auf der Mauer zu sehen gekriegt.
Wuppdi, haben sie neben mir gesessen. Wir haben ja oft hier gehockt, auch mit andern, und Signalraten gespielt.
»Die Holzwürmer!«, ruft dann der eine, wenn die Kistenmacher kommen.
»Die Blaßgesichter!«, sagt ein anderer; das sind die von der Getreidemühle mit den Mehlgesichtern.
»Die Wollmäuse!«, sagte ich, als die beiden saßen, und wollte der erste sein. Aber sie hatten heute keine Lust dazu.
Römer hat immer von dem Überseekontor geschwafelt, wo er nach Ostern anfängt, und von den Reisen, die er später macht. Und was er alles verdient.
»Was ich dir sage, Peter, nach vier Jahren kennste mich nicht wieder.«
»Du mich auch nicht, Willi. Aber wenn dann mal so ein Baumwollküper ankommt und dich und dein ganzes Überseekontor auf den Ast nimmt, dann brauchste dich gar nicht zu wundern. Kuck mal, da kommen sie grade: Kerls wie die Bäume!«

(aus: Carl Dantz, *Peter Stoll: Ein Kinderleben*)

Eine westliche Heimat | das Bremer Haus IV

Dass es Anfang der 50er Jahre doch anders kam, und dass unser Viertel nach dem Krieg doch wieder entstand, ist im Wesentlichen dem Engagement eines Mannes zu verdanken: Peter Falck, der damals in der Heimatstraße wohnte. Ihm gelang es, Nachbarn zu einer Aufbaugemeinschaft zu vereinen, die Finanzierung des Wiederaufbaues zu sichern und den damaligen Bausenator Theil dafür zu gewinnen, eine schon vor dem Krieg gewachsene Nachbarschaft wieder zu beleben und einen neuen Grundstein für deren Erhalt bis in unsere Tage zu legen.

(aus: www.heimatviertel.de/geschichte)

»Ich heiße Peter Stoll« erzählt den Beamten der Polizeiwache in Walle der kleine Held von Carl Dantzs Arbeiterkinderroman, »Und in diesem Jahr werde ich sieben. Und wohnen tun wir jetzt in der Spinnereistraße drei Treppen hoch.« Die Familie ist gerade aus der Feierabendstraße umgezogen und muss sich auf Geheiß der Vermieterin neu anmelden. Ob das die heutige Polizeiwache West an der Waller Heerstraße war, ist äußerst zweifelhaft, denn diese befindet sich in einem Neubau. Außerdem behauptet der kleine Peter: »Die Polizeistube ist beim Hafen.« Es gibt weder die Spinnereistraße noch die Feierabendstraße in Walle (wenn auch ein Feierabendweg mit kleinen Arbeiterhäusern nicht so weit weg in Gröpelingen-Ohlenhof liegt). Peter lebt ja in einem Roman, aber wir wissen viel über den Autor, den Reformlehrer Carl Dantz, der in Walle unterrichtete. Wenn Peter dem Leser also stolz erzählt: »Wenn ich in eine Fabrik will, kann ich mir allein in der Spinnereistraße drei aussuchen.«, meint er nichts anderes als die Nordstraße, den Waller, also den östlichen Teil der Hafenrandstraße.

Gefühlt tausend Mal bin ich mit der Linie 3 die Nordstraße entlanggefahren und habe mich dabei gefragt, was wohl hinter dem Deich liege und warum der Deich gerade dort Lücken habe, wo fünf Straßen mit kleinen Häusern durchstechen. Ich erfuhr, dass der ›Deich‹ in Wirklichkeit ein in den 1960er Jahren geplanter, aber nie zu Ende gebauter Bahndamm sei, und zwar für eine Hafenbahn, die dann durch den Boom des Containerverkehrs überflüssig geworden war. Die Lücken waren natürlich für die geplanten, aber nie realisierten Brücken gedacht.

Eines Tages stieg ich stadteinwärts an der Elisabethstraße aus, ging in die Heimatstraße und wurde von einem Stück Bremer Arbeitergeschichte eingeholt, das mir bislang vorenthalten geblieben war.

1888 – knapp nachdem Bremen an das Deutsche Zollgebiet angeschlossen worden war – eröffnete in der Nordstraße die Jute-Spinnerei und Weberei Bremen, kurz, aber nicht immer liebevoll die Jute genannt, ihre Pforten. Gegen Ende des 19. Jahrhunderts war die Jute so produktiv, dass viele Menschen, vor allem Frauen aus Osteuropa – Polen, Galizien und dem Balkan – angeheuert werden mussten. Als Peter Stoll Kind war, arbeiteten dort mehr als 1.600 Arbeiter und Angestellte, 40 Prozent davon weiblich. Dieser Zustrom von Menschen, zusammen mit dem Ausbau des Hafens, erforderte dringend Wohnraum in Walle.

Der Bremer Architekt Eduard Gildemeister ist für die protzigen Villen und Kontore bekannt, die er für die Bremer Tabaksäcke baute, sowie für den großen Ausbau der Bremer Kunsthalle 1902. Im Jahre 1891 aber war er zuständig für den Entwurf und den Bau neuer Straßen zwischen der Nordstraße und dem Hafen, auf dem sogenannten Waller Wied (Weide), das den Namen Heimatviertel trug und trägt. Die damalige Bebauung bestand aus kleinen einstöckigen Häusern, die von bis zu vierzehn Personen bewohnt wurden.

»Für die Arbeiterinnen und Arbeiter der Jute war der Wohnraum in diesen Häusern aber kaum erschwinglich.« Für diese blieben also nur die Mietshäuser, in denen unser fiktiver kleiner Held lebte. Die oft zitierte Nachbarin der Familie, Frau Tietjen, wohnt »unten« in ihrem kleinen Laden. Peters Vater, obwohl radikaler »Zialmokrat«, wie ihn sein Sohn der Polizei gegenüber beschreibt, ist von der Wohnung nicht begeistert. »Ich mag ganz gern hier wohnen (*so Peter*). Ich ärgere mich ja nicht über die Leute im Haus wie Vater. ›Lauter Hottentotten und Menschenfresser‹, sagt er. ›Und das Treppenhaus riecht wie ein Zwischendeck.‹«

Im Zweiten Weltkrieg erlitt das hafennahe Heimatviertel erhebliche Schäden. Wie das zerbombte Jute-Gelände sollte auch das Waller Wied geräumt und das Hafengebiet ausgebaut werden. Aber die Bewohner wehrten sich – s. oben – und verteidigten das schwer beschädigte Viertel. Anstatt abgerissen zu werden, wurden die Häuser zweistöckig aufgebaut und modernisiert. Ein Kennzeichen der damaligen Modernisierung ist die unschöne Fassadenverkleidung aus Kacheln, die man an den meisten Häusern findet. Trotz dieses zunächst hässlichen Eindrucks wirkt das Ambiente des kopfsteingepflasterten Viertels äußerst positiv. Die Ruhe dort wird dir gefallen. Am Ende der Heimatstraße angekommen, stehst du vor schönem Grün: vor Bäumen, die den Blick auf den Hafen und die Überseestadt versperren, und vor einem großen und großartigen Abenteuerspielplatz. Entlang der Bogenstraße – mit Blick auf die Roland-Mühle – verläuft ein Deich (dieses Mal ein echter) und eine Hecke.

Aphro's Treff in der Eintrachtstraße 36 ist »die letzte übrig gebliebene Kneipe im Heimatviertel. Ein Original.« Und offensichtlich wirklich ein Treff. Gegenüber der Kneipe (Ecke Eintrachtstraße/Pfeilstraße) ist eines der seltenen einstöckigen Häuser aus den 1890er Jahren zu sehen; zwei weitere findest du in der Bogenstraße, nicht weit von der Nordstraße.

Das Waller Wied ist in letzter Zeit jedoch aus anderen Gründen in den Bremer Schlagzeilen: Während ich schreibe, kämpft der Verein Heimatviertel gegen eine Entwicklung, die für dieses Wohnviertel und dessen Nachbarschaft fatal werden könnte. Der Erfolg der Überseestadt, vor allem als Arbeitsplatzmagnet, und die Popularität des Einkaufszentrums Waterfront bedeuten, dass nachmittags stadteinwärts auf der Nordstraße ein Verkehrsinfarkt droht. Vor allem die Lkws Richtung Großmarkt stehen regelmäßig Stoßstange an Stoßstange. Nun plant der Verkehrssenator, angestachelt von einem Gutachtergremium, jedoch gegen den Willen aller Bremer Bürgerschaftsparteien, eine Stichstraße von der Nordstraße über die Hafenstraße, also direkt hinter den Häusern in der Heimatstraße. Trotz einer Lärmschutzwand würde das eine massive Verschlechterung der Lebensqualität und vor allem der Gesundheit bedeuten. »Sie machen aus unserem Quartier eine bewohnte Verkehrsinsel!«, schimpfte eine Anwohnerin. Außerdem kämpfen die Bewohner gegen die Erweiterung der Überseestadt durch Hochhäuser, die das alte Viertel überragen würden. Intakt ist die Community hier allemal, mit dem Abenteuerspielplatz, Sommerfesten und regelmäßigen Treffen. *La lutta continua.*

Bremen-Nord

»Bremen-Nord läuft Gefahr, von sozialen Problemen zerrissen zu werden. Davor warnen die Verfasser eines Bremen-Nord-Konzepts. [...] Darin wird unter anderem davor gewarnt, dass sich die soziale Entmischung noch verschärft: Die ›stark ausgeprägte und weiter zunehmende soziale und ethnische‹ Trennung einzelner Quartiere sei ›eine erhebliche Schwäche‹. Laut Konzept birgt diese Abspaltung ein ›erhebliches Risiko für die zukünftige gesellschaftliche Entwicklung‹. [...] Hohe Arbeitslosigkeit zählt zu den größten Problemen.«

(Patricia Brandt, *Weser-Kurier* v. 20.11.2017)

»Vegesack!« Ein kurzer Törn nach Bremen-Nord

Mein alter Genosse und Reiseführerrivale Friedrich Engels machte 1841 einen Törn auf der Weser.

> Das Dampfschiff fuhr ab [...] Die Ausfahrt aus Bremen ist, von der Weser gesehen, sehr hübsch: links die Neustadt mit ihren langen, baumbepflanzten ›Deich‹, rechts die Anlagen des Walls, die sich hier bis an die Weser erstrecken und von einer kolossalen Windmühle gekrönt werden. Dann kommt aber die bremische Wüste, rechts und links Weidengebüsch, sumpfige Wiesen, Kartoffelpflanzen und eine Masse Braunkohlfelder. Braunkohl ist das Lieblingsgericht der Bremer.
>
> Auf dem Räderkasten stand, trotz des starken Regens und scharfen Windes, ein langer Assekuranzmaklergehülfe und unterhielt sich in plattdeutscher Sprache mit dem Kapitän, der ruhig seinen Kaffee trank. Jetzt stürmte er eilig vom Räderkasten herunter und brachte die Nachricht: »in einer Viertelstunde sind wir in Vegesack.« »Vegesack!« wiederholten erfreut alle Zuhörer; denn Vegesack ist die Oase der bremischen Wüste, in Vegesack gibt's Berge von sechzig Fuß Höhe, und der Bremer spricht wohl von der ›Vegesacker Schweiz‹ Hier liegen die Villen der Bremer Aristokraten, deren Anlagen das Weserufer eine kleine Straße hin wirklich sehr verschönern. Dann freilich kommt wieder die alte Langeweile ...«
>
> (aus: Friedrich Engels, *Eine Reise nach Bremerhaven.* Morgenblatt für gebildete Leser, 17–21 August 1841)

Die Rinde streicheln | Blindengarten und Knoops Park

In the garden of the blind,
herbs are a sound heard round a corner.
But with eyes closed, we couldn't even
touch the difference between the
peppermint, lavender, sage and thyme –
and the bark of the bonny rowan tree
smelled exactly like birch or lime.

(aus: Ian Watson, *Riverbank City*)

Ein bisschen Bremen-Nord muss sein, obwohl es nur gelegentlich zu ›meinem‹ Bremen gehört: ab und zu eine Lesung in der Vegesacker Stadtbibliothek; verzweifelte Versuche, Mitglieder der privaten Jacobs International University für literarische Veranstaltungen in der Stadt zu begeistern; Kaffeetrinken im Hotel-Restaurant Strandlust, um dem Familienbesuch zu zeigen, dass große Schiffe mindestens in Teilen Bremens zu bewundern sind. Vegesack bietet viel Sehenswertes und auch viel Kultur für Stadtbremer und faule Viertellinis, die mit dem Zug nur 21 Minuten davon entfernt sind: einen Blick auf das Segelschulschiff Deutschland oder einen Besuch im spannenden Vegesacker Geschichtenhaus im Alten Speicher (Mittwoch bis Samstag) oder im Kunstmuseum Overbeck. Zahlreiche gute Konzerte gibt es im KITO (im Alten Packhaus) oder im KUBA (dem Kulturbahnhof). Viele meiner Erinnerungen an Vegesack sind leider durch schlechtes Wetter, vor allem Wind getrübt – und durch den schrecklichen Bahnhofsplatz mit Zentralbusbahnhof, der mir jedes Mal den Weg zum Vegesacker Hafen, also zum Maritimen und wirklich Sehenswürdigen, regelrecht verdirbt.

›Mein‹ Bremen-Nord, also mein Lieblingsplatz dort, ist St. Magnus. Allein vom Baumbestand her ist dieser Flecken nicht zu toppen. Im Westen liegt der Park Schönebecker Aue mit dem Heimatmuseum Schloss Schönebeck; am südlichen Ende, zur Lesum hin, erstreckt sich der prachtvolle Knoops Park; am Nordende, kaum 50 Meter vom Bahnhof St. Magnus (nur 16 Minuten vom Hauptbahnhof) findet man einen wahren Rückzugsort, meine kleine besinnliche Idylle: den Blindengarten, seit 1989 »der erste dieser Art in Deutschland«.

Der Genuss eines Besuchs des Blindengartens hängt von vielen Faktoren wie Jahreszeit und Wetter ab, wobei mehrere Besuche zu verschiedenen Jahreszeiten zu empfehlen sind, denn die Blüten, Kräuter usw. wechseln sich entsprechend ab. Auch spielt es eine Rolle, ob sich eine Gruppe blinder Menschen dort aufhält, mit denen du dich unterhalten kannst. Dabei sind nämlich neue Horizonte zu erobern. In der Schulzeit wird der Park oft von Schulklassen – sowohl blinden als auch sehenden – besucht. Es ist schön zu beobachten, wie die Kinder das Wunder der Pflanzen und Insekten erleben. Auch wird die Blindheit oft für sehende Kinder durch pädagogisches Geschick erfahrbar gemacht. Und wenn eine sehende auf eine blinde Klasse trifft …

Es ist lange her, dass Susanne und ich dort waren, und so fahren wir wieder hin. Wir haben Glück: Es ist ein warmer, regenfreier Tag Ende Mai – und wir *hören* den Garten schon von weitem. Vom Bahnhof kommend, wird uns schlagartig klar, dass wir heute den friedlichen Charakter des Blindengartens *nicht* erleben werden. Stattdessen herrscht ein wunderbares Gewusel. Paarweise schnuppern und ertasten die Kinder einer Grundschulklasse aus Bremen-Nord Salbei, Birkenrinde und torfige Erde. Dabei führt ein sehendes Kind ein anderes, dessen Augen verbunden sind. Eine Lehrerin erklärt, wie die Sonnenuhr funktioniert. Auf die berechtigte Frage einer Achtjährigen, was man denn mache, wenn die Sonne nicht scheine, antwortet sie lächelnd und Kinderhaare zausend: »Pech gehabt.« Ein ›blinder‹ Schüler streichelt den Bremer Roland aus Holz und fragt: »Eiche?« Lachend lernen. Spielende Wissenschaft. Genussvoll Wissen speichern und geistige Horizonte erweitern. Also, an solch einem Tag – *who needs peace and quiet?*

Gleich gehen wir bei *Kränholm* Kaffee trinken. Es geht nach Süden, entweder über den Raschenkampsweg oder, viel schöner, parallel dazu durch Knoops Wald auf der linken Seite der Straße. Nach fünf- bis sechshundert Metern sehen wir das *Kränholm*-Areal an der Ecke Auf Dem Hohen Ufer. Ja, natürlich kostet es mehr als in Findorff oder der Neustadt, aber es ist jeden zusätzlichen Cent wert, und das nicht nur wegen des tollen Ambiente mit Skulpturenpark. Das Restaurant befindet sich in einem großen Haupttrakt, wo man schöner, weil mitten im Park, sitzt. Für Kaffee und Kuchen ist es allerdings am Gemütlichsten im *Kunstcafé* neben der Straße; schließlich kannst du vorher oder nachher im Skulpturenpark herumspazieren. Und danach? Natürlich durch Knoops Park zur Lesum schlendern. Da St. Magnus wegen der grünen und (für Bremer Verhältnisse) hügeligen Flusslage einer der schönsten Flecken der Stadt überhaupt ist, ist es kein Zufall, dass im 19. Jahrhundert die reichsten Bremer Kaufmannsfamilien hier wohnten – oder ihre Sommerhäuser hier hatten. So wie die Familie von Ludwig Knoop (das ist der Clan mit dem Familienmausoleum im Waller Friedhof). Deren ehemaliges Landgut wurde 1870 vom Gartenarchitekten Wilhelm Benque (Bremer Bürgerpark) gestaltet und ist seit den 1930er Jahren in öffentlicher Hand. Auf dieser Erhebung mit Blick auf die Lesum macht ein Spaziergang immer Freude. Also gehen wir heute von *Kränholm* aus rechts über die Straße und zwischen den Torhäuschen hindurch in Knoops Park hinein, wo wir ohne Langeweile lange weilen können. Der Park mit seinen Naturwiesen, Gewässern, Brücken, Grotten, Bänken und Gartenlauben fällt sanft zum Fluss hin ab und bietet ständig wechselnde Blicke auf die Lesum.

Im Knoops Park findet jedes Jahr an einem Wochenende im August Sommer in Lesmona statt, das Open-Air-Musikfestival plus Picknick der Deutschen Kammerphilharmonie Bremen. Genannt ist die Veranstaltung nach dem gleichnamigen autobiografischen Werk von Marga Berck (eigentlich Magdalene Pauli), das ein Fenster auf das Leben der Bremer Großbourgeoisie im ausgehenden 19. Jahrhundert öffnet.

Unten am Fluss angekommen, marschieren wir links stromauf auf dem Admiral-Brommy-Weg (ja, das ist der Typ von der Kneipe in Peterswerder). Rechter Hand liegt das *Café Knoops Park* mit vielen angelehnten Fahrrädern, Hunden unter Tischen und einem traumhaften Lesum-Blick. Schade, dass wir schon Kaffee getrunken haben – aber ein Eis ist immer noch drin. Von da aus geht es weiter, in einem großen Linksbogen am Fluss entlang, dann landeinwärts zum Bahnhof Lesum, der – theoretisch – nur 14 Minuten vom Hauptbahnhof entfernt ist. Aber ausgerechnet heute ist wegen einiger Probleme im Stellwerk Vegesack unser Zug ausgefallen. Die Deutsche Bahn ist in Bremen nicht besser als anderswo.

Ein Landsmann in Bremen-Nord | der Bunker Valentin

Es mag einerseits beklagenswert sein, ein Bremen-Buch mit einem traurigen, ja schaurigen Kapitel abzuschließen, andererseits gehört Folgendes aber auch zu Bremen-Nord. Hinzu kommt, dass es ein Versäumnis wäre, historisch Interessierten diese schreckliche Geschichte vorzuenthalten. Und die Fahrt lohnt sich allemal.

Wenn ich den Blindengarten und Knoops Park gern als Highlights bezeichne, gilt dieses Etikett für einen anderen bedeutsamen Ort in Bremen-Nord überhaupt nicht. Im Gegenteil: Den Bunker Valentin in Farge müsste man sogar als Tiefpunkt der Bremer Geschichte bezeichnen. Eindrucksvoll, vielleicht auch bewundernswert sind nur der Umfang des Unternehmens und das technologische Knowhow, das darin steckte. Der Bau ist beängstigend gigantisch, sein Zweck war teuflisch.

Durch den schnellen Zusammenbau von aus Fertigbauteilen bestehenden U-Booten hofften die Nazis ab 1943, im maritimen Krieg die Oberhand zu gewinnen. Nicht nur als militärischer Verzweiflungsakt ist der Bunker Valentin – der übrigens nie zu Ende gebaut wurde – berüchtigt, sondern auch aus einem anderen Grund: Er wurde mit Sklavenarbeit errichtet. Die mildere Bezeichnung ist Zwangsarbeit; ich bevorzuge die ältere und ehrlichere Bezeichnung. Entgegen den Bestimmungen der Genfer Konvention von 1929, die die Rechte von Kriegsgefangenen genau festlegt, haben die Nazis Kriegsgefangene aus vielen Ländern rücksichtslos unter inhumanen Bedingungen als Sklaven gehalten – genau wie dies die Römer mit ihren griechischen Gefangenen vor mehr als 2000 Jahren taten. Sie haben ihnen unzumutbare Arbeitsbedingungen aufgezwungen, die in vielen Fällen zum Tode führten. Mehr noch: Die Gefangenen wurden bei einer Arbeit eingesetzt, die im direkten Dienst der deutschen Kriegsführung stand, nämlich beim Bau eines größenwahnsinnigen Bunkers zur Fertigstellung und Reparatur von U-Booten der deutschen Kriegsmarine.

> In den Jahren 1943 bis 1945 wurden hier Tausende von Zwangsarbeitern aus ganz Europa eingesetzt: Zivilarbeiter ebenso wie Kriegsgefangene und KZ-Häftlinge. Mehr als 1100 von ihnen starben während der Bauarwbeiten an Unterernährung, Krankheiten und willkürlichen Tötungen.
>
> (aus: *Historische Einführung* des Denkortes Bunker Valentin)

(Man behauptet, nicht wenige seien in den flüssigen Beton gestürzt und ertrunken.) Nach der Nutzung durch die Bundeswehr lag der Bunker brach und blieb von den Bremern weitgehend unbeachtet bzw. ihnen unbekannt – bis ein Radio-Bremen-Feature 1980 erstmals öffentliches Interesse weckte. 1983 entstand auf dem Bunkergelände die Betonplastik Vernichtung durch Arbeit: Mahnmal für die Opfer des KZs Neuengamme des Bremer Künstlers Fritz Stein. Im Sommer 1999 führte das Theater Bremen unter der Regie von Johann Kresnik das apokalyptische Anti-Kriegs-Stück *Die letzten Tage der Menschheit* (1915–1922) von Karl Kraus im Inneren des Bunkers auf. Welch historische Ironie: Gab es einen besseren Inszenierungsort für ein solches Werk, so argumentierte Theater-Intendant Klaus Pierwoß, als den monumentalen und monströsen Bunker, in dem der Krieg so viel Leiden verursacht hat?

Und so kam ich zu meinem ersten erschütternden Besuch des Bunkers. Wir Theaterbesucher wurden vom Martinianleger per Schiff über die Weser zum Spielort gebracht und näherten uns so dem Bunker vom Fluss her. In der Dämmerung wurden wir von den Ausmaßen des Bunkers fast erschlagen. Von Bord gehend, betraten wir die dunkle Kammer des Todes. Als Ire war ich an feuchte Kälte gewöhnt, aber so eine feuchte Kälte hatte ich noch nie erlebt. Sie kroch unter die Kleidung. Es spricht für Kresniks grandiose Inszenierung, dass ich von dieser physischen Unannehmlichkeit abgelenkt werden konnte. Meine schärfsten Erinnerungen an das Stück – neben dem Einsatz eines echten, schnaufenden Pferdes, den geschrienen Reden und dem donnernden Lärm automatischer Waffen – hängen trotzdem zusammen mit dem modrigen Geruch, dem gespenstischen Widerhall und – an den leiseren Stellen des Stücks – dem Plenk-Plenk des Wassers, das aus den unsichtbaren hohen Betondecken tropfte. Hinzu kamen verbogene Stahlteile, die aus zerborstenem Beton herausragten. Der als bombensicher geltende Bunker wurde – so erfuhren wir – im März 1945 durch Luftangriffe der Alliierten beschädigt, und zwar schlugen die besonderen Grand Slam-Bomben der RAF durch die über vier Meter starke Betondecke. In Erinnerung bleibt also auch unterschwellig die durch diese Information hervorgerufene Angst, das Ganze könne auf uns einstürzen. So blieb trotz der Kraft des Stücks und deren Aufführung der Fluch des Spielortes im Kopf hängen. Unauslöschlich auch das niederdrückende Schweigen im Bus auf der Fahrt zurück.

Einer derjenigen, die im Bunker Valentin in Zwölfstundenschichten unvorstellbares Elend und unermessliche Brutalität erlitten, war mein Landsmann Harry Callan, der 1941 als siebzehnjähriger Hilfskoch der britischen Handelsmarine auf offener See im Südatlantik von der deutschen Kriegsmarine gefangen genommen wurde. 1943 kam er dann über zwei andere Internierungslager in Westertimke und Sandbostel ins sogenannte Arbeitserziehungslager nach Farge. Traumatisiert wie er war und von wiederkehrenden Albträumen geplagt, hatte er nie darüber gesprochen, noch nicht einmal mit seiner Familie. Erst als der irische Seemannsverband anfing, Reparationen für die Leiden seiner Mitglieder einzufordern, war Harry als über Achtzigjähriger bereit, seine Geschichte zu erzählen. Sie wurde erst 2017 mit Hilfe seiner Schwiegertochter aufgeschrieben und ist inzwischen auch als Buch in deutscher Sprache erschienen. Und: Er war sogar schon ein paar Jahre zuvor bereit, den Ort seiner Qualen zu besuchen. In Farge musste er dann erfahren, dass die örtlichen Historiker überhaupt keine Dokumentation über die zweiunddreißig irischen Lagerinsassen hatten, von denen fünf ums Leben gekommen waren. So entstand eine bis heute bestehende freundschaftliche Zusammenarbeit zwischen dem Gepeinigten und den Menschen, die versuchten und versuchen, die Geschichte des Bunkers im Sinne des Friedens aufzuarbeiten.

Denn: Seit 2015 ist der Bunker ein Denkort. Der Name ist bewusst gewählt – kein Museum, keine Gedenkstätte – und das pädagogische Prinzip eindeutig: historisch-politisches Lernen und das Nichtvergessen. Zahlenmäßig sind Schulklassen die wichtigsten Besucher. Die

Schüler der Oberschule an der Egge vor Ort in Blumenthal betreuen seit Jahren den Denkort – also lange bevor er ›Denkort‹ war. Auf der fünf Kilometer langen Strecke vom Bunker bis auf das Gelände der Kaserne in Schwanewede erinnern sie seit 2006 jedes Jahr am 26. April mit einem Gedächtnislauf an die Befreiung der Arbeiter 1945 – aber auch an deren Leiden. Diesen Wettlauf haben sie 2015 zu Ehren ihres Schulpaten Harry Callan-Lauf umbenannt, was ihn sehr stolz gemacht hat:

> In diesem Jahr wurden meine Berichte im Denkort Bunker Valentin aufgezeichnet. Nach dem jährlichen Wettlauf, dem sog. Gedenklauf, kam einer der Schüler aus dem Englisch-Leistungskurs, der als Sprecher der Gruppe ausgewählt worden war, zu mir und sagte: »Mr. Callan, wir möchten den Namen unseres Wettlaufes im Jahr 2015 ändern. Mit Ihrer Erlaubnis möchten wir die Veranstaltung umbenennen in ›Harry Callan Lauf‹.«
>
> Das hatte ich nicht erwartet. »Aber das müsstet ihr mit euren Lehrern und Dr. Markus besprechen«, sagte ich.
>
> »Sie haben gesagt, das wäre okay, wenn Sie einverstanden sind. Wir würden das gern so machen.«
>
> Ich hörte die Ernsthaftigkeit in seiner Stimme und war zu Tränen gerührt. »Ich danke euch für diese Ehre. Ich akzeptiere, im Namen meiner irischen Kameraden.«
>
> (aus: Michèle Callan, *Forgotten Hero of Bunker Valentin. Die Geschichte von Harry Callan*)

Es war mir eine große Ehre, im Sommer 2018 meinen Landsmann Harry Callan in Bremen kennenzulernen. Seine Geschichte ist, zumindest so wie sie endet, eine versöhnende, richtungsweisende, die aber nie im Sonne von *All's well that ends well* verstanden werden darf.

Flussauf zurück in die Mitte

Ich muss raus, ich muss diese dunkle Geschichte hinter mir lassen. Draußen bin ich dankbar für das gleißende Nachmittagslicht und seine Hitze. Um zur Haltestelle zu kommen, muss ich die vollen 420 Meter, die der Bunker lang ist, zurückgehen. Dann kehre ich der Bestie endgültig den Rücken und fahre die fünf Minuten mit dem 90er Bus zur Fährstation Farge, wo ich auf die Weserfähre aus Bremerhaven warte. Bald stehe ich nachdenklich mit einem Haake-Beck an der Reling und tuckere anderthalb Stunden stromauf nach Hause. Da kommt mir das fast verloren geglaubte heutige Bremen, ›mein‹ Bremen langsam entgegen: erst ein großes Schiff aus Aberdeen; dann Vegesack und Lemwerder mit den Werften, dem Hotel *Strandlust* und dem Segelschulschiff *Deutschland*; rechts fließt dann die Ochtum in die Weser, und fast direkt gegenüber liegt die Moorlose Kirche hinter dem Deich; nach einer Weile die gute alte Waterfront mit der Shipyard Island davor, und schräg gegenüber die Einfahrt zum Neustädter Hafen. Bald wird es *richtig* Stadt: links die Überseestadt mit Speicher XI und Hafenmuseum; rechts *De Liefte* in ihrem dunkelroten Anstrich; dann wieder links zwischen Eisenbahn- und Autobrücke Fockes Garten. Nach der Schlachte und den ganzen angeleinten Gastroschiffen endlich die Endstation: der Martinianleger.

Ich gehe von Bord, schaue kurz nach links in die sich senkende Sonne. Dann geradeaus durch den nachhallenden Tunnel – ein Wink und ein Euro für den Bulgaren mit der Klarinette – und die Böttcherstraße entlang, die wieder einmal voller Menschen ist, zum Marktplatz hinüber. Bevor ich weiter zur Linie 3 laufe, um nach Osten durchs Viertel nach Hause zu fahren, stelle ich mich wieder auf das Hanseatenkreuz, dieses Mal jedoch mit dem Gesicht zum Rathaus.

Ich fange
immer wieder
meine Mitte
in der Mitte
meiner Stadt

»Und allen schlechten Poeten vergab ich«

Glücklich der Mann, der den Hafen erreicht hat
Und hinter sich ließ das Meer und die Stürme
Und jetzo warm und ruhig sitzt
Im guten Ratskeller zu Bremen.

[...]

Er hat mich begeistert, er hat mich berauscht,
und hielt mich nicht fest, am Schopfe fest,
Der Ratskellermeister von Bremen,
Ich wäre gepurzelt!

Der brave Mann! wir saßen beisammen
Und tranken wie Brüder

[...]

Ich trank auf das Wohl meiner bittersten Feinde,
Und allen schlechten Poeten vergab ich,
Wie einst mir selber vergeben soll werden -
Ich weinte vor Andacht, und endlich
Erschlossen sich mir die Pforten des Heils,
Wo die zwölf Apostel, die heilgen Stückfässer,
Schweigend predgen, und doch so verständlich
Für alle Völker.

[...]

Wie rauscht der Jordan und taumelt vor Freude! -
Auch meine unsterbliche Seele taumelt,
Und ich taumle mit ihr, und taumelnd
Bringt mich die Treppe hinauf, ans Tageslicht,
Der brave Ratskellermeister von Bremen.

(aus: Heinrich Heine, *Buch der Lieder* (1827), Die Nordsee, Zweiter Zyklus, XI)

Anhang

Bremen History

Als Klassiker der Bremer Geschichte gilt Herbert Schwarzwälder, vor allem seine *Geschichte der Freien Hansestadt Bremen in fünf Bänden.* Erweiterte und verbesserte Auflage. Edition Temmen, Bremen 1995. Das Werk deckt die Zeit »von den Anfängen« bis 1945

Hinzu kommt Schwarzwälders *Großes Bremen-Lexikon.* Edition Temmen, Bremen 2003

Für diejenigen, die die Stadt mit Kindern entdecken wollen, empfehle ich wärmstens Suse Lübker, *Das Bremer Kinderlexikon.* Schünemann, Bremen 2015, sowie Claudia Dappen & Peter Fischer, *Bremen entdecken & erleben.* Edition Temmen 2017

Dann empfehle ich unbedingt drei Bücher meines Bremer Autorenkollegen Johann-Günther König:

Bremen im Spiegel der Literatur. Schünemann, Bremen 1999

Bremen: Literarische Spaziergänge. Insel, Frankfurt M/Leipzig 2000

Bremen. Hoffmann und Campe, Hamburg 2012

Die allerbeste Online-Ressource für Bremer Geschichte ist die Webseite *Bremen History*, die trotz des englischen Titels eine deutschsprachige ist:

www.bremen-history.de

Für interessante, darunter auch themengebundenen Stadttouren empfehle ich auch www.stattreisen-bremen.de

Konkurrenz | konventionelle Stadtführer

Es gibt natürlich eine Flut von konventionellen Reiseführern über Bremen, mit Stadtplänen und bunten Fotos. Wie schon erwähnt, kann man eine ganze Menge davon in der Stadtbibliothek (Ebene 2, Regal Brem 18; die netten Bibliothekare fragen) anschauen und dann den oder die favorisierten Titel in den Bremer Buchhandlungen kaufen.

Zu meinen Lieblingstiteln gehören:
Britta Rath. *Bremen*. Ostfildern: DuMont 2017. Typisch DuMont: knapp, bunt, fokussiert; Fahrtwege, Webseiten, Telefonnummern; toller thematischer Aufbau seitens der Butenbremerin. [23 Brem 18 R]

Lutz Liffers. *Bremen kompakt*. Bremen: Edition Temmen. 10. Auflage 2017. Mit fünf interessanten Rundgängen in der Stadtmitte plus »Ausflüge« (Überseemuseum, Bürgerpark, Universum; Bremerhaven, Worpswede). Alles sehr knapp. [23 Brem 18 L]

Robert von Lucius. *Zwischen Weser und Weltraum. Streifzüge durch Bremen*. Halle/Saale: Mitteldeutscher Verlag 2015. Der eigentliche Afrika-Experte schreibt viel und witzig und historisch fundiert über das »gallische Dorf« Bremen, mit dem Schwerpunkt auf Wirtschaft und Technologie. Entspricht eher *nicht* der Kategorie ›konventionell‹ bzw. ›Stadtführer‹. Ein *must read*.

Last but not least verweise ich auf eine sehr spannende Webseite der Wikipedia Foundation, die du entweder zusammen mit meinem Buch durch die Stadt schleppen oder vor dem Bremen-Besuch durchkämmen kannst. Die Seite fasst bequem und kompakt sehr viel zusammen und ist nach Kategorien aufgebaut: Hintergrund, Stadtteile, Sehenswürdigkeiten, Unterkunft, Aktivitäten (u.a. Schwimmbäder), Kultur, Küche, sogar Schulferien. Sie enthält etliches, was in diesem Buch angesprochen wird. Allerdings fehlt auch viel, zum Beispiel die Stadtbibliothek und der Blindengarten: de.wikivoyage.org/wiki/Bremen

Notizen & Quellen zu den Abschnitten

Beipackzettel

Wird Bremen immer hässlicher? Seit Klaus Warwas 1977 sein Buch mit diesem Titel herausbrachte, hat sich viel in Sachen Belebung und Verschönerung der Stadt getan, aber das Buch – solltest du es noch finden können – ist ein deprimierendes Mahnmal für die architektonischen Chancen, die nach dem Zweiten Weltkrieg vertan wurden.
Die Bremer Tourismuszentrale befindet sich in der Böttcherstraße 4 (Haus des Glockenspiels) und am Hauptbahnhof gegenüber dem DB-Reisezentrum: www.bremen-tourismus.de. Service-Center-Hotline: +49 421 3080010.
À propos Kerber, Schiller und Marbach: Wie schrieb so schön unser urbremischer, in Lübeck geborener Heimatdichter Michael Augustin? »Ein neues Denkmal bitte, / das statt des hehren Dichters / den kleinen Jungen zeigt, / wie er die Heimatstadt verlässt, /und zwar für immer. / Mit einer Barbiepuppe / seiner Schwester in der Hand, / auf einem roten Plastiktraktor sitzend. / Wenn denn der Marmor / das hergibt in Marbach« (aus: *Denkmal für Baby Schiller*).
Wer sich für »abgelegenere und touristisch unberührte Stadtteile interessiert, gekoppelt mit einem kritischen Blick auf Bremens Stadtteilprojekte und -probleme, der soll sich für ein Straßenbahnseminar des Bildungswerks der Bremischen Evangelischen Kirche anmelden. Die Termine und Themen findest du bei www.kirche-bremen.de/orte/bildungswerk/bildungswerk_themenfeld1.php. Weitere Details und Anmeldung unter 0421-346 15 35 oder bildungs-werk@kirche-Bremen.de. S. auch den Artikel vom 3.5.2018 im Weser-Kurier: www.weser-kurier.de/bremen/stadtteile/stadtteile-bremen-west_artikel,-unterwegs-zum-guten-leben-_arid,1726769.html

Meine gute Stube

www.musikfest-bremen.de/programm/eine-grosse-nachtmusik
domshof-markt.de/Domshof_Wochenmarkt.html
de.wikipedia.org/wiki/Gesche_Gottfried#Spuckstein
www.hausderwissenschaft.de
de.wikipedia.org/wiki/Verein_Vorw%C3%A4rts

One-Night-Stand? Nichts gegen Roland, aber

www.bsag.de. Hier findest du alle Informationen zum öffentlichen Verkehr in Bremen und um zu. Besonders günstig *ab zwei Personen* ist das Tagesticket.

Der erste Blick? Die Bremer und die Stadtplanung

Bahnhofsplatz: www.weser-kurier.de/bremen/bremen-fotos_galerie,-Historische-Fotos-vom-Bremer-Bahnhofsplatz-_mediagalid,13432.html

Finke-Hochhaus: www.architekturfuehrer-bremen.de/n_anzeigen.php?id=349architekturf%C3%BChrer

Der lange Jammer | die Theorie

Rudolf Bauer, ›Stadtbeschreibung‹ in *Bremer Blüten: Menschen aus Bremen zum Thema Geld*. Hg. Heide Marie Voigt. Bremen: WMIT Druck und Verlags GmbH. 1997

Das Depot | Dreh und Angelpunkt am Ende der Welt

Die Organisation Kultur vor Ort aus Gröpelingen bietet Spaziergänge mit historischen Details über den Stadtteil, sowie *In 80 Minuten um die Welt – Mit Stewardess Anke durch das internationale Gröpelingen*: www.kultur-vor-ort.com/tourismus/gostadtreisen/ oder info@kultur-vor-ort.com.

Die Drei | eine Perlenkette von Straßenbahn

www.kunst-im-oeffentlichen-raum-bremen.de/werke/kior_art/show/look-at-me-look-at-you.html

Beck's und hopp? oder: Schokolade aus Polen

mosaicsofinclusion.blogspot.de/2013/11/das-wandmosaik-im-hauptbahnhof-bremen.html

Wer einen guten Überblick über Spuren des Kolonialismus in Bremen ergattern möchte, soll diesen Artikel lesen: www.weser-kurier.de/bremen_artikel,-Spuren-der-Kolonialzeit-nicht-zu-uebersehen-_arid,20857.html; sowie www.weser-kurier.de/bremen/stadtteile/stadtteile-bremen-nordost_artikel,-duesteres-erbe-im-stadtbild-_arid,1600402.html

www.der-elefant-bremen.de

»Zu deinem Dusein« | Literaturhauptstadt

Für die Literarischen Spaziergänge, s. www.stabi-hb.de/termine

Zum Bremer Literaturpreis: www.rudolf-alexander-schroeder-stiftung.de

www.literaturhaus-bremen.de

www.literaturkontor-bremen.de

Wie die Bibel duftet, wie die Glocke singt

www.stpetridom.de/index.php?id=49&L=0

www.glocke.de/de/Home

www.bremer-philharmoniker.de

www.kammerphilharmonie.com/de

Der Bremer Fritz | im Kaiser Friedrich

www.kaiserfriedrich.de

Zum jüdischen Friedhof vgl. www.youtube.com/watch?v=MDpo3HAL4lg

Öffnungszeiten jetzt: Mo-Do & So 10–16; Freitag 10–13

Anne E. Dünzelmann. *Juden in Hastedt:* Zur Geschichte jüdischen Lebens in Bremen seit 1782. Bremen: Kellner Verlag 1995

Drei Seufzerbrücken an einer Bibliothek

Für den guten Heine bin ich den beiden Hauptstiftern und Ehrenbürgern Bremens dankbar: Klaus Hübotter und Uwe Hollweg. Das Gedicht heißt ›Heinrich-Heine-Denkmal in den Bremer Wallanlagen‹, aus: Klaus Hübotters *Tagebuchverse XXII*, Bremen 2017, S. 140.

»Im Juni 1945, als das Gebäude von der US-Besatzungsmacht genutzt wurde, fand bei der Verladung von Panzerfäusten und Handgranaten eine Explosion statt. Vier US-Soldaten und 41 Deutsche starben und 32 Schwerverletzte waren zu beklagen. Teile des Mitteltrakten [*sic*] wurden dabei zerstört, darunter das Kriminalmuseum und die Räume der Kriminaltechnik.« (Wikipedia, ›Wall-Forum‹)

›Knall nach Kriegsende‹ (*Weser-Kurier*, 5.6.2015): www.weser-kurier.de/bremen_artikel,-Knall-nach-Kriegsende-_arid,1138881.html

»Babij Jar ist der Name einer Schlucht, in der 1941 mehr als 33.000 Juden aus Kiew ermordet wurden. Mehrere hundert Polizisten des Bremer ›Polizeibataillons 303‹ waren dabei. Sie trieben die Juden den Erschießungskommandos zu, waren womöglich sogar selbst an den Morden beteiligt. Zur Rechenschaft gezogen wurde niemand, einige machten nach 1945 Karriere – in der Bremer Polizei.« Klaus Wolschner, *taz Nord*, 8.10.2010. Mehr lesen: www.taz.de/!5134310

Heiner Lichtenstein. Himmlers grüne Helfer. Die Schutz- und Ordnungspolizei im ›Dritten Reich‹. Frankfurt/Köln: Bund-Verlag 1990

Das Bremer Polizeihaus. Hg. Polizei Bremen. Delmenhorst: Aschenbeck & Holstein 1999. StaBi Brem 281 Poliz

Ein windiger Blick | der Fall Julius B

Die Öffnungszeiten der verschiedenen Teile des Doms (Turmbesteigung, Bleikeller, Kanzlei usw.) sind sehr kompliziert, nicht nur nach Wochentag, sondern auch nach Jahreszeiten differierend: vgl. www.stpetridom.de/index.php?id=50&L=0

www.vhs-bremen.de/Live/Ausstellung_Julius_Bamberger.vhs?ActiveID=2328

Günther Rohdenburg, *Das war das neue Leben: Leben und Wirken des jüdischen Kaufhausbesitzers Julius Bamberger und seiner Familie.* Bremen: Edition Temmen 2000

Dokumentar-/Spielfilm zu Julius Bamberger *Aufgeben? – Niemals!* – Die Geschichte der Familie Bamberger. Regisseur Eike Besuden (Pinguin Studios 2013, 65 Minuten)

Die Julius-Bamberger-Straße befindet sich in einer hässlichen Industriesiedlung in Habenhausen – unpassender noch als die Straßenbenennung nach Peter Weiss, wie ich finde (s. Kapitel *»Ich habe hier Gehen gelernt«*)

Wer kennt noch Steffensstadt?

www.kulturkirche-bremen.de

Schattendasein | der Focke-Garten

»Der Bremer Architekt Hermann Gildemeister lobte in dem Buch *Bremen und seine Bauten 1900–1951* das Bauwerk [des Armenhauses] in seiner neuen

Nutzung in höchsten Tönen: ›1696 bis 1698 wurde es (…) in schlichtem holländisch-niederdeutschem Klassizismus in Backstein mit Sandsteinumrahmungen schlichter bleiverglaster Fenster, zwei Stockwerke hoch, im großen Geviert um einen Garten am Strom erbaut. Seine Mauern umschlossen eine Welt beschaulicher Einkehr, seine Fenster öffneten den Blick dem bunten Treiben auf der Lebensader unserer Stadt.‹« (Prof. Dr. Eberhard Syring in www.bremen-history.de/der-wunschtraum-des-museumsdirektors)

Gut versteckt, aber mitten drin | Rauchs CaféBar

www.rauchscafe.de

Führungen bei der Rösterei Münchhausen: »15 EUR pro Person; um rechtzeitige und verbindliche Anmeldungen spätestens 14 Tage vor der Veranstaltung wird gebeten. Natürlich können Sie uns auch noch kurzfristig anfragen. Tel (0421) 12 100; Fax (0421) 222 6 222; info@muenchhausen-kaffee.de«

Trunkenbolde, Bibelmänner, Volksschädling | die Ostertorwache

www.erinnernfuerdiezukunft.de/doku

Julius Bamberger, Schilderung der Verhaftung in einem Brief an Alfred Nawrath vom 8. August 1948. Quelle: Fotokopie des Briefs in Günther Rohdenburg. *»Das war das neue Leben«: Leben und Wirken des jüdischen Kaufhausbesitzers Julius Bamberger und seiner Familie*. Bremen: Edition Temmen 1999, S. 61

Hans Meier, *Kolonie Raffgier*. Fischerhude: Verlag im Bauernhaus 1976; sowie *Damals im April*. Frankfurt/Köln: Bund-Verlag 1990

Der Reihe nach | das Bremer Haus I

blog.bremen-tourismus.de/einzigartig-das-bremer-haus

de.wikipedia.org/wiki/Bremer_Haus

stadtbild-bremen.de/kopfsteinpflaster-pro-contra

Axel Vos, Das Bremer Haus –Typologie, Geschichte und Gegenwart. In: *Denkmalpflege in Bremen*, Hg. G. Skalecki. Heft 5, 42–51. Bremen: Edition Temmen 2008 [StaBi: Brem 280 D]

Damenschneider Theodor Gruja | Mozartstraße

»Wie geschaffen für einen Schneider / sage ich der Vermieterin, als wir auf dem Balkon sitzen / und uns vorzustellen versuchen, was Theodor Gruja widerfuhr. / Bei Kaffee und Kuchen erzählt sie mir von den abertausenden Nadeln / die sie auf dem Fußboden fand, Stecknadeln und Nähnadeln; von seiner jüdischen Frau, / die fortgeschickt wurde nach Amerika. *Tausende von Nadeln* / wiederholt sie, und Stecknadeln staken sogar in den Wänden. / Das war 1975, sagt sie, als sie das Gebäude kaufte, herrichten ließ und vor dem Abriß bewahrte. / Tausende von Nadeln und keine Toiletten.« aus: Sujata Bhatt. *Nothing is Black, Really Nothing*. Gedichte, Englisch und Deutsch. Hannover: Wehrhahn Verlag 1998; Übersetzung Jürgen Dierking. S. 47.

Michael Augustin. ›In der Mozartstraße ging schon Rudi Dutschke die Wände hoch. Ein Haus voller Geschichten‹ in *Merian Bremen*. 2010. S. 66

Yuppies piss off, oder: Die Verschandelung der Veredelung

zu Roselius: Johann-Günther König. *Osterdeich*. Bremen: Kellner Verlag 2017, S. 43

Die drei Bs | Bier, Bremen und ein Apostroph

brauerei-bremen.de (Union)
www.bremer-braumanufaktur.de/pages/3/unsere-hopfenfaenger

Bunter als du denkst | der lange, gut versteckte Neustadtspaziergang

www.neustadtbremen.de;
kneipenfuehrerneustadt.jimdo.com
Der Betreiber des *Papp in Bremen*, Niko Hirschmann, engagiert sich in einer Initiative der neuen Szene, die sich Problemen widmet, die durch Bürokratie und andere Instanzen für junge und alternative Club-, Café- und Venue-Gründer entstehen:
www.musikszene-bremen.de/home/clubverstaerker
de-de.facebook.com/ClubverstaerkerBremen
www.spurensuche-bremen.de/spur/arbeiterzeitung-wird-verboten
Eva-Maria Bast & Tobias Meyer. *Bremer Geheimnisse: 50 Spannende Geschichten aus der Hansestadt*. Bast Medien GmbH/Weser-Kurier 2016

»Ich habe hier Gehen gelernt« | Peter Weiss

Das Zitat aus der Dankesrede entnahm ich Johann-Günther Königs *Bremen im Spiegel der Literatur*. Schünemann: Bremen 1991, S. 211.
Peter Weiss. *Abschied von den Eltern*. Berlin: Suhrkamp 1961.
Birgit Lahann. *Peter Weiss – Der heimatlose Weltbürger*. Bonn: Dietz 2016
Anne E. Dünzelmann. *Peter Weiss – Bremer Verortungen*. Books on Demand 2016.
Die Passage aus *Die Ästhetik des Widerstands*, in der beim »Krachen der Mörser« die Mutter des Erzählers bei der Niederschlagung des Aufstands mit ihrem einjährigen Sohn im Arm am Fenster steht und alles verfolgt (S. 99f.), wird oft so zitiert, als wäre sie eine *autobiographische* Darstellung. Der Autor kam aber natürlich erst 1920, also *nach* der Räterepublik in die Neustadt. Während der fiktive Vater am Aufstand teilnimmt, war Eugen Weiss konservativ. Peter Weiss' Halbbrüder agierten in der konterrevolutionären Weißen Garde. Anne E. Dünzelmann spricht sogar vom »autobiographischen Wunschvater« des Erzählers und betont, dass Weiss »die *Nachwirkungen* der Kämpfe um die Räterepublik« in Erinnerung habe.
In seinem Buch *33 Häuser in Bremen, 33 Geschichten*. Delmenhorst & Berlin: Aschenbeck und Holstein Verlag 2004 schreibt Nils Aschenbeck über das besagte Haus (S. 34), erwähnt aber mit keinem Wort die Familie Weiss.
denkmalpflege.bremen.de/sixcms/detail.php?gsid=bremen160.c.24859.de
Am 28.09.1971 schrieb Weiss über einen Besuch in der Stadt: »Bremen. Der erste Weg, wie immer, zur Grünenstraße. Immer vor der Leere stehend, in der sich einmal unser Haus befunden hat.«

Wo die Weser einen großen Bogen

www.werder.de/stadion/stadionerlebnis/wuseum

Oase, Schlachtplatz, Gastro-Paradies am Brommy
restaurant.vegefarm.de
www.hopfenundschmalz.de/das-lokal.html
www.wirtshausbremen.de/index.html

Rosen und Veranden | das Bremer Haus II
Übrigens: Nicht weit entfernt sind auch die kleinen, um 1900 gebauten Arbeiterhäuser der Eugen-Kulenkamp-Stiftung, Achimer Straße 59 bis 97 und Henriettenstraße 2 bis 38, zu sehen. Ein Besuch lohnt sich.

Kormoranen-Country | am Weserwehr
www.tberg.de/kormorane-am-weserwehr-in-bremen
www.erlebnisraum-natur.de/bremer-naturerlebnisse/fruehling/vogelwelt

Immer wieder gabelten sich die Wege | der Bürgerpark
www.buergerpark.de

Vom Universum in den Mikrokosmos
www.waldbuehne.com

Torf und Wochenmarkt aus dem Effeff
Es gibt einen alternativen Weg nach Findorff: Wenn du am Uni-Campus bist, kommst du auch mit dem Bus Linie 28 Richtung Walle vom Uni-Zentral Bereich und Uni-Süd (Universum) in 10 Minuten in die Hemmstraße. Von da aus läufst du die Neukirchstraße entlang, am Markt vorbei zum Torfkanal und Torfhafen.
www.findorffmarkt-bremen.de
lilie-bremen.jimdo.com
www.acoustic-session-bremen.de

Paula? Rilke? Clara, Cato
www.fischerhude.com
Marina Bohlmann Modersohn. *Paula + Clara + Clara + Rilke – eine Collage*. Audio-CD. München: Arche Verlag 2007
Marina Bohlmann-Modersohn. *Clara Rilke-Westhoff: Eine Biografie*. München: btb Verlag 2017
Marina Bohlmann-Modersohn. *Paula Modersohn-Becker: eine Biographie mit Briefen*. München: btb Verlag 2007
www.museen-boettcherstrasse.de/museen/paula-modersohn-becker-museum
www.cafe-im-rilke-haus.de
Für eine literarisch brillante und unterhaltsame Darstellung der Worpsweder »Familie« muss man Klaus Modicks Roman, *Konzert ohne Dichter*. Köln: KiWi-Taschenbuch 2016 lesen. Dabei kommt Rilke *sehr* schlecht weg.

Speicher statt Speicherstadt
www.restaurant-feuerwache.de
elefant-bremen.de

Geschichte riechen | das Hafenmuseum

www.hafenmuseum-speicherelf.de/ sowie www.bremen-tourismus.de/hafenmuseum-speicher-11
www.sozialwerk-bremen.de/arbeitsfoerderung/arbis/baeckerei

Die gläserne Rösterei | zu Lloyd Caffee

www.lloyd-caffee.de

Pracht & Revolution | der Waller Friedhof

Zur Vor- oder Nachbereitung empfiehlt sich dieser Artikel aus dem Weser-Kurier vom 30.5.2016: www.weser-kurier.de/bremen/stadtteile/stadtteile-bremen-west_artikel,-Grosse-Persoenlichkeiten-und-viel-Geschichte-_arid,1385939.html
Information zu solchen Rundgängen in Walle sind zu finden unter: www.kulturhauswalle.de
www.wikiwand.com/de/Bremer_R%C3%A4terepublik

Eine westliche Heimat | das Bremer Haus IV

www.heimatviertel.de sowie www.facebook.com/heimatviertel
www.weser-kurier.de/bremen/bremen-stadt_artikel,-strittiger-plan-gegen-verkehrsinfarkt-in-der-ueberseestadt-_arid,1715692.html

Die Rinde streicheln | Blindengarten und Knoops Park

vegesacker-geschichtenhaus.de | overbeck-museum.de | www.kulturbuerobremen-nord.de (für KITO und KUBA) | www.museum-schloss-schoenebeck.de | www.foerderverein-knoops-park.de | www.blindengarten-bremen.de |BUND: Anmeldungen für einen Vormittag im Blindengarten und weitere Auskünfte unter Telefon 0421/7900241 oder per E-Mail an joern.hildebrandt@bund-bremen.net | www.kraenholm.de
www.foerderverein-knoops-park.de
www.kammerphilharmonie.com/de/2013-09-02-07-42-40/sommer-in-lesmona.
Die Fernsehserie zum Buch *Sommer in Lesmona* machte 1986 die Buten-Bremerin Katja Riemann zum nationalen Star
cafeknoopspark.de

Ein Landsmann in Bremen-Nord | der Bunker Valentin

Denkort Bunker Valentin, Rekumer Siel, 28777 Bremen. 0421 69 67 36 70 oder 0421 – 69 67 36 77. Öffnungszeiten: Dienstag-Freitag 10–16 Uhr und Sonntag 10–16 Uhr; an Feiertagen geschlossen
Anreise zum Bunker Valentin mit öffentlichen Verkehrsmitteln: Regio-S-Bahn ab Bremen-Hauptbahnhof über Bremen-Vegesack nach Bahnhof Bremen-Farge (unter einer Dreiviertelstunde), dann weiter mit der Buslinie 90 – nur drei Minuten! – bis Haltestelle Rekumer Siel.
Die Artikel 27–31 des Genfer Abkommens über die Behandlung der Kriegsgefangenen von 1929 bestimmen ganz genau, unter welchen Umständen Kriegsgefangene

arbeiten dürfen. Da steht unter anderem im Artikel 29 »Kein Kriegsgefangener darf zu Arbeiten verwendet werden, zu denen er körperlich nicht tauglich ist.« oder im Artikel 31 »Die von den Kriegsgefangenen zu leistenden Arbeiten dürfen in keiner unmittelbaren Beziehung zu den Kriegshandlungen stehen. Insbesondere ist es verboten, Gefangene zur Herstellung und zum Transport von Waffen oder Munition aller Art sowie zum Transport von Material zu verwenden, das für kämpfende Truppen bestimmt ist.«
www.denkort-bunker-valentin.de; zu Harry Callan: www.denkort-bunker-valentin.de/geschichte/biografien/beitraege/news/harry-callan.html
Michèle Callan. *Forgotten Hero of Bunker Valentin. Die Geschichte von Harry Callan.* Bremen: Edition Falkenberg 2018

Flussauf zurück in die Mitte
www.hal-oever.de/fileadmin/templates/pdf-dateien/Fahrplan_Bremen-Bremerhaven.pdf

Textnachweise zitierter Literatur

S. 41: Textauszug mit freundlicher Genehmigung aus Jörg Streese: *Das Schweigen – Die Sprache – Der Aufbruch. Stationen einer Jugend vor dem Hintergrund der Bremer Straßenbahnunruhen 1968*, © 1992, Bremen).

S. 47, 53, 54: Die Textauszüge von Bas Böttcher, Shiml, JokA und MontanaMax mit freundlicher Genehmigung der Künstler, © Bas Böttcher, 2018; © Shiml, 2018; © JokA 2018 und © MontanaMax 2018.

S. 48: Textauszug von Erich Fried, mit freundlicher Genehmigung aus: *Es ist was es ist. Liebesgedichte Angstgedichte Zorngedichte*, © 1983, 2007 Verlag Klaus Wagenbach, Berlin.

S. 49: mit freundlicher Genehmigung aus: Sujata Bhatt, *Monkey Shadows*, Manchester: Carcanet Press Ltd., © Oct. 1991, S. 114.

S. 50: *Seebestattung* von Michael Augustin, mit freundlicher Genehmigung aus: Michael Augustin: *Nur die Urne schwimmt*. © 2007 Edition Temmen, Bremen, S. 45.

S. 55: Textauszug *Septembergewitter* von Friedo Lampe, aus: *Das Gesamtwerk*, © 1955, 1986 Rowohlt, Reinbek bei Hamburg, S. 121.

S. 62: Textauszug aus Mario Puzo, *Die dunkle Arena* (engl. *The Dark Arena* 1947), aus dem Englischen von Hans E. Hausner 1981. © 1953, 1955 by Mario Puzo; deutsche Rechte beim C. Bertelsmann Verlag, München 1981, mit freundlicher Genehmigung der Verlagsgruppe Random House GmbH.

S. 63: mit freundlicher Genehmigung des Autors, Klaus Hübotter, *Tagebuchverse XXII*, © 2017 Bremen, S. 140.

S. 84: Fotokopie des Briefs, mit freundlicher Genehmigung aus: Günther Rohdenburg, *Das war das neue Leben«: Leben und Wirken des jüdischen Kaufhausbesitzers Julius Bamberger und seiner Familie*. © 1999 Edition Temmen, Bremen, S. 61.

S. 93 mit freundlicher Genehmigung aus: Sujata Bhatt, *Monkey Shadows*, © Oct. 1991, Carcanet Press Ltd., Manchester , S. 60.

S. 97: mit freundlicher Genehmigung aus: Sujata Bhatt, *Monkey Shadows*, © Oct. 1991, Manchester: Carcanet Press Ltd., S. 59.

S. 107: mit freundlicher Genehmigung des Autors, © 2013 Jens Laloire, *Die Legende von der Neustadt*.

S. 119: mit freundlicher Genehmigung aus: Peter Weiss, *Die Ästhetik des Widerstands*. Erster Band. © 1975 Suhrkamp, Berlin, S. 99f.

S. 120: aus: Wolfgang Emmerich (Hg.) *Der Bremer Literaturpreis, 1954 – 1998: Reden der Preisträger und andere Texte*. Bremerhaven: Edition Die Horen 1999, S, 281f.

S. 123: mit freundlicher Genehmigung von www.peterswerder.net/.

S. 137: mit freundlicher Genehmigung von bremen.online, aus: www.bremen.de/schwachhausen.

S. 154, 159: aus: Cato Bontjes van Beek 1920–1943, Broschüre der ev.-luth. Kirchengemeinde Fischerhude, 2010.

S. 174, 175, 176: Textauszüge aus: Carl Dantz, *Peter Stoll: Ein Kinderleben. Von ihm selbst erzählt*. Bremen 1925.

S. 175: mit freundlicher Genehmigung von www.heimatviertel.de/geschichte.

S. 185: mit freundlicher Genehmigung des Denkortes Bunker Valentin.

S. 193: mit freundlicher Genehmigung aus: Michael Augustin, *Denkmal für Baby Schiller*. Bremen: © 2015 Edition Temmen, Bremen, S. 61.

S. 195/196 o: mit freundlicher Genehmigung © Frank Hethey, www.bremen-history.de.

S. 196 u: mit freundlicher Genehmigung aus: Sujata Bhatt, *Nothing is Black, Really Nothing. Gedichte, Englisch und Deutsch*. © 1998 Wehrhahn Verlag, Hannover; Übersetzung Jürgen Dierking, S. 47.

Ohne die dieses Buch

Ich möchte einer Reihe von Personen danken, die bei der Erstellung dieses Buches von großer Bedeutung waren. Zunächst Linda und Kai Falkenberg, die damals mit der Idee an mich herangetreten sind, eine »liebevoll-ironische Gebrauchsanweisung« zu schreiben, eine Art Mentalitätsbeschreibung. Dann meiner Frau Susanne, nicht nur für ihre Ideen (inklusive des Titels), Vor- und Ratschläge, sondern auch, weil sie mich mit großer Geduld ertragen hat, als ich unerträglich war. Auf meinen Touren durch die Stadt haben mich Kirsten Steppat und meine Frau begleitet. Meine Autorenkollegin und *first reader* Elke Marion Weiß hat für die Edition Falkenberg mein Manuskript wie immer liebevoll und gewissenhaft lektoriert. *Thanks, too,* an unsere Tochter Hannah Watson für ihre Recherchenhilfe.

Dank auch an meinen Uni-Kollegen Dieter Richter, der mich an Carl Dantzs Roman *Peter Stoll* erinnerte, den wir vor Jahrzehnten gemeinsam gelehrt haben, an Erik Wankerl vom Verein Heimatviertel, der nicht nur seine eigene Heimat verteidigt, sondern dabei auch ein Stück Stadtgeschichte am Leben hält, in der Peter Stoll »wohnte«, sowie Olaf Buricke und Antje Lange von der Bremer Straßenbahn AG.

Die acht CDs von Franz Schuberts *Complete String Quartets*, vom deutschen Verdi Quartett eingespielt, habe ich beim Schreiben so oft gehört, dass ich sie, wären sie Vinyl, mehrmals hätte ersetzen müssen.

Ich bin zwar ein historisch denkender Mensch, aber kein Bremer Historiker. Ob zum Beispiel 35.000 Menschen – wie manche Historiker behaupten – der Hinrichtung von Gesche Gottfried beigewohnt haben oder nur 30.000, wie andere schreiben, ist mir piepegal. Mich interessiert der Mythos Gesche und ihr Status in meiner Heimatstadt. Mich interessieren der Spuckstein und die wenigen Menschen, die noch darauf spucken. Aber Gott sei Dank gibt es genug echte und sehr gute Historiker der Stadt, an die ich mich wenden konnte und kann. Also danke ich vor allem Diethelm Knauf, Horst Rößler und Frank Hethey.

Last but not least danke ich einem großen Bremer, den ich zu meinen schreibenden Kollegen zählen darf und ohne den ich über etliches in Bremen nicht hätte schreiben können: dem Bauunternehmer, Architekturguru, Immobilienmakler, Mäzen und Lyriker Dr. Klaus Hübotter, dessen Motto *Du baust wie Du bist* lautet. Ohne ihn blieben die Villa Ichon, die Heine-Statue und das Haus der Wissenschaft unerwähnt, es gäbe kein Kapitel über das Hafenmuseum und Speicher XI, über die renovierte Ostertorwache mit Dokumentationsstätte, über eine Stadtbibliothek, die dort steht, wo einst die Gestapo ihr Unwesen trieb. Und ohne sein Engagement hätte ich den Namen Julius Bamberger bestimmt nie gehört.

Über den Autor

Ian Watson wurde in der Nähe von Belfast, Nordirland geboren und lebt seit 1972 in Bremen. Seit der Studentenzeit veröffentlicht er – neben seinen wissenschaftlichen Arbeiten – Gedichte, Essays und literarische Übersetzungen in britischen, irischen und deutschen Zeitschriften und Anthologien. Er ist der Autor von *Song and Democratic Culture in Britain* (London/New York 1993 neuveröff. 2015) und des Schulbuchs *War and Peace: Voices from the Battlefield* (Stuttgart 1995). Zusammen mit Diethelm Knauf und Jürgen Dragowski hat er den Band *Alive and Kicking: Fußball zwischen England und Deutschland* (Berlin 1994) herausgegeben. 2012 erschien *Kurzpass-Spiel, oder: Ich stehe zu meinem Sitzplatz* (Bremen: Kellner Verlag) und 2013 *Riverbank City – A Bremen Canvas* (Hamburg: Blaupause Books). 2016 erschien der englischsprachige Lyrikband *Granny's Interpreter* bei Salmon Poetry in Irland.

Bei verschiedenen Sendungen von Radio Bremen hat er Gedichte gelesen und zu Features (u.a. über Nordirland, britische und irische Literatur sowie Fußball) beigetragen. 1994 hat er eine einstündige Sendung im »Heimatfunk am Wochenend« über den Schriftsteller Hans Meier geschrieben. 1999 schrieb und drehte er, zusammen mit Marcus Behrens, für arte den Dokumentarfilm *Cool to be Celtic* (62 Min.). Von 1994 bis 2012 gab er, zusammen mit Julia Boll und Simon Makhali, die englischsprachige Literaturzeitschrift **new***leaf* heraus.

Ian Watson ist Mitglied des Bremer Literaturkontors sowie Gründungsmitglied und seit 2007 Vorstandsmitglied des Virtuellen Literaturhauses Bremen. Er war bis 2010 Hochschuldozent für Britische und Irische Literatur und Literarisches Schreiben an der Universität Bremen.

Nicht nur für Werder-Fans!

Ian Watson

Spielfelder

Eine Fußballmigration

184 S., 22 Abbildungen
Taschenbuch, Format 14 x 22 cm
14,90 Euro
ISBN 978-3-95494-097-4

»Eine Autorenkollegin fragt, was um Himmels Willen Fußball mit Migration zu tun habe. Meine erste – für sie – kryptische Antwort lautet: ›Frag Guardiola und Klopp‹. Ich kenne nämlich keinen Berufsstand, der so viele Migranten beschäftigt – ob Binnenwanderer oder Grenzen Überschreitende. Das Kind eines Profifußballers wechselt die Heimatstadt sogar öfter als eines aus einer Bundeswehrfamilie …«

Der irisch-bremische Autor, Literaturwissenschaftler und Werder Bremen-Fan Ian Watson fand in Deutschland eine zweite Heimat, die allmählich droht, seine erste zu werden. Er hat die Sitten und Gewohnheiten seines Gastlandes sowie seiner alten Heimat beobachtet, verglichen und aufgeschrieben, und ist so gleichzeitig Bestandteil und distanzierter Kritiker beider Kulturen. Ein wesentlicher Faktor in diesem Tauziehen ist seine Verbundenheit mit dem deutschen Fußball, die er seit 40 Jahren als Hobbykicker und Fußballvater, aber vor allem im Stadion verfolgt.

Literatur und Fußball geben Halt und stiften Identität, das heißt, sie fördern Zusammengehörigkeit. In Spielfelder untersucht der Kulturhistoriker anhand von eigenen und den Lebenserfahrungen anderer das Spannungsfeld innerhalb des Dreiecks Heimat-Identität-Fußball. Watson mischt Fakt mit Fiktion, ernsthaft Historisches mit satirischen Glossen sowie Journalismus mit Lyrik und Anekdoten zu einem unterhaltsamen Potpourri. Spielfelder ist also Lebenschronik und Fußballgeschichte, Leidensweg und Liebeslied.

Der Nordire und Wahlbremer hat mit seiner »Flotte-Schreibe-Feder« ein unterhaltsames Buch geschrieben – über Fußball und Migration, also auch mit biografischen Elementen. Und als langjähriger Werder-Dauerkartenbesitzer natürlich mit einem großen Anteil Werder!

Michèle Callan

Forgotten Hero of Bunker Valentin

Die Geschichte von Harry Callan

176 Seiten, 49 Abbildungen
Taschenbuch, Format 14 x 22 cm
14,90 Euro
ISBN 978-3-95494-156-8

Harry Callan war 16, als er 1943 – im Dienst der Britischen Handelsmarine stehend – auf See von den Nazis festgesetzt und mit weiteren 32 irischen Seeleuten zunächst im Lager Sandbostel, später im „Arbeitserziehungslager" Farge eingesperrt wurde. Als verängstigter Teenager wurde er Zeuge der furchtbaren Gräueltaten der Nazi-Kriegsmaschinerie. Tausende Lagerinsassen kamen ums Leben. Sie hungerten, wurden misshandelt und mussten an den Fundamenten für eine gewaltige U-Boot-Werft graben: Bunker Valentin. Die überlebenden irischen Kriegsgefangenen wurden nur gerettet, weil ein paar anständige Deutsche ihr Leben riskierten und Menschlichkeit bewiesen.

Erst in seinen Achtzigern kehrte Harry Callan an die Stätte seiner Gefangenschaft zurück, und musste herausfinden, dass die irischen Kriegsgefangenen in Vergessenheit geraten waren.

Dies ist die ergreifende Geschichte von Harry Callan, von seiner Gefangenschaft, dem Widerstand und der Befreiung. Und es ist das letzte Kapitel in seinem Bestreben, den vergessenen Männern vom Bunker Valentin Ehre zu erweisen.

Krimis aus der Region

Wesergold

220 Seiten, Taschenbuch, Format 14 x 19 cm
9,90 Euro
ISBN 978-3-95494-177-3

Der Mord an einer jungen Frau führt das Ermittlerteam in den Bremer Osten. Schnell konkretisieren sich Hinweise auf den möglichen Täter, der in Alt-Osterholz auf einer Großbaustelle als Leiharbeiter eingesetzt ist. Die Indizienlage ist erdrückend, doch den Kommissaren bleibt ein unbehagliches Gefühl: Einer der Zeugen, der Freund der Toten, ist scheinbar verschwunden. Kurze Zeit später wird auf derselben Großbaustelle eine Leiche gefunden. Die Ermittlungen führen zu der Firma Mieterparadies, die im Auftrag einer Hamburger Holding die Wohnanlage verwaltet. Die Kommissare stoßen auf ein verwirrendes Netz aus Intrigen, Diebstählen und systematischem Betrug. Erst durch die Unterstützung eines findigen Rentners und weiteren Mietern aus der Wohnanlage kommen sie der Lösung des Falles langsam näher. Neben der unterhaltsamen und spannenden Mordgeschichte erwartet die Leser auch wieder ein Blick in die privaten Bezüge der Protagonisten in Bremen und Rotenburg.

Verschollen im Teufelsmoor

184 Seiten, Taschenbuch, Format 14 x 19 cm
9,90 Euro
ISBN 978-3-95494-176-6

Der neue Fall von Kommissar Köster: Sonja Brünjes meldet ihre Mutter vermisst. Aber ist sie wirklich vermisst oder mit der neuen Liebe durchgebrannt? Als sie nach einer Woche nicht wieder zur der Arbeit erscheint, fangen die Osterholzer Kommissare mit ihren Ermittlungen an. Die Vermutung liegt nahe: Sonja ist nicht freiwillig untergetaucht.

Die Spuren führen ins Teufelsmoor, wo die Polizei in den Resten einer frisch abgebrannten Moorkate einen Schuh und eine Haarbürste der Vermissten findet. Doch welche Rolle spielen die Russen-Mafia, ein verschollenes, wertvolles Gemälde aus der NS-Beutekunst und die Bremer Spedition Spreewald und Schraube?

Ein weiterer kniffliger Fall für Kommissar Peter Köster, Gisela Schmidt, Leiterin der Verdener Mordkommission, und ihr Team.